リモートワーカーのワークスペース

飛行機のコックピットをイメージしたというワークスペース。正面のメインディスプレイは、ウルトラワイドの曲面ディスプレイ。その他、サブディスプレイやiPadは自分を囲むように配置しています。（➔125ページ）

パソコンと資料を広げる場所さえあれば、ダイニングテーブルでも十分仕事できます。ノートパソコン一台と身軽なので、疲れてきたら、ソファに移動してくつろぎながら仕事することも可能です。（➔126ページ）

リモートワーカーのワークスペース

画面つきのAlexa（スマートスピーカー）、自由に動かせるモニターアーム、こだわりのキーボードを配置した機能的なデスク。キーボードをどけたら広いスペースを作れるのがポイントです。（➡126ページ）

学習机を並べ、片方は小学生の子ども、片方は親のワークスペースにしました。メインモニターの横には、ノートパソコンをスタンドに立てて配置し、サブディスプレイにしています。本棚には、よく使う辞書や参考書籍を並べています。（➡126ページ）

リモートワーク大全

壽かおり
シックス・アパート株式会社

ポプラ社

はじめに

この本を手に取った皆さんは、家で働くことについてどのような印象を持っているでしょうか。

毎日オフィスに出勤するのが当たり前の働き方をしていた人たちにとっては、一日中家にいるということは仕事が休みなのと同じ。一部の在宅勤務が可能な会社に所属していたとしても、「家族の体調不良や、台風や大雪で交通が止まってしまったなど、年に数回の緊急事態にのみ家で働くことができる」と思っていた方も多かったでしょう。

2020年春に新型コロナウィルス感染拡大対策として「ステイホーム」の号令の元に、多くの方が否応なく在宅勤務に放り込まれました。パソコン作業にちょうど良いデスクも無ければ、慣れない顔出しオンライン会議の設定に戸惑い、外に出て気分転換することも気が引ける、ましてや休校している子どもの先生代わりにもなって、大変しんどい思いをした人も多かったのではないでしょうか。

「在宅勤務なんてまっぴらごめん！　会社の方が雑談もしやすいし、情報も集まるし、上司への仕事してるよアピールもできるし、何より仕事が進む。通勤は面倒だけれど、やっぱりオフィスがいい！」

その気持ち、わかります。当たり前だけど、オフィスって仕事だけするには最適の場所ですよね。

けれど、ちょっと考え直してみてください。2020年春のコロナ禍での、家族全員で家に閉じこもる在宅勤務は異常事態だったのです。準備時間もほとんどないまま、緊急で在宅勤務に切り替えたために、さまざまな悪条件が重なっていたのではないでしょうか。

☑ 家に通信環境やワークスペースが整っていなかった。
☑ オフィスで行っていた業務を、リモートでも実現可能にするルール作りやシステム整備などの時間的余裕がなかった。
☑ 家族全員家にいて、仕事に集中できる環境ではなかった。

一方で、そんな中でも感じられた、在宅勤務のメリットもあるはずです。

☑ 満員電車に乗る通勤のストレスが無くなった。
☑ 朝の身支度も簡単になり出退勤の時間が無くなって、プライベートの時間が増えた。
☑ 家族とゆっくり過ごせる時間や趣味に費やせる時間が増えた。

私が所属する会社、シックス・アパートは2016年の夏から、全社員が出社は用事のあるときだけ、普段は全員リモートで働いています。シックス・アパートのリモートワークは、コロナ禍の制限だらけの在宅勤務とは違って、必要な時はいつでも出社する、普段は自宅など自分にとって生産性が高い場所を選んで働ける、自由度が高くストレスフリーな働き方です。

多くの社員が月１〜２回しか出社しないため、生活スタイルが大きく変わりました。都心から引っ越したり、国内外の旅行先に仕事を持ち込む代わりにゆったり長く滞在できたり、子ども連れで実家に長めに帰省し子どもを両親に見てもらいながら働いたり、ご家族の通院サポートのために月の半分は関西に帰省して働いたり。採用面でも、居住地を問わず広く募集することができるようになりました。

どこにいてもチームの一員として、やるべきことをきちんとこなす。リモートワークはそんな自律性が求められる代わりに自由がある。プライベートも大切にしながら、長く続けられる働き方です。

人生の中には、仕事だけに全力投球できる幸せな時期もあります。だけど、ずっとそんな風にはいられません。誰しも、ライフステージや健康状態が変わっていきます。

自分や家族の心身のケアを最優先にしたいときも、趣味や複業に時間を使いたいときも、どこか違う場所に住みたくなるときも、骨折したのでなるべく電車に乗りたくないときもあります。

仕事がしたくないわけじゃない。ちゃんと自分のスキルを活かして社会に貢献したい。だけど、仕事のために暮らしをないがしろにしたくないし、暮らしを優先して仕事をないがしろにするのも嫌だ。

リモートワークは、そのどちらもないがしろにしない働き方です。

突然在宅勤務になって戸惑う人たちのために、まとめツイートをはじめました

「そうは言うけど、ちょっと待って。このまま家にこもりきりで仕事？　誰かに相談したいときは？　家だとダラダラしちゃって、パフォーマンスが全く上がらない。雑談できなくて寂しい。子どもが家にいてオンライン会議するもできないし、家は狭くてデスクを置く場所もないよ！　どうしたらいいの!?」

そんな声をたくさん目にし、筆者はTwitterで#リモワノウハウ語るよというハッシュタグをつけてつぶやきはじめました。

朝に仕事を始めるまでのルーチンを作った方がいいよとか、雑談はあえてたくさんしようとか、できる範囲で快適なワークスペースを自宅に作ろうとか、長年リモートで働いてきた私の経験をたくさんつぶやきました。

壽 かおり
@kaoritter

今回の件で最近リモートワークはじめた or はじめる会社員の皆さまのために、2016年夏から毎日リモートワークしてるわたしのノウハウ思いつく限り語るよ。役に立ちそうなところがあれば、つまみ食いしてください。
#リモワノウハウ語るよ #テレワーク

私の意見に加えて、2016年の夏から「必要な時だけ出社する」フルリモートワークな働き方をしているシックス・アパート社員の声もたくさん取り入れて、その後もTwitterでの発信を続けています。

毎日集まらない新しい働き方の選択肢を手に入れよう

2016年に当時の内閣が「働き方改革実現推進室」を発足し、働き方改革を声高に叫んでも、東京都が「東京2020大会の交通混雑緩和のためにテレワークを」と呼びかけていても、多くの会社にとって、「毎日オフィスに集まって仕事をする」ことが基本でした。

けれど、緊急事態宣言を機にはじまった在宅勤務期間を経て、働く人々の価値観は大きく変わりました。新しい衛生習慣が定着したように、働き方についても「オフィスに通える距離に住んで毎日出勤する」だけじゃない選択肢を当たり前にするのは、今をおいて他にありません。

できる人から、できる会社から「毎日集まる」ことを前提としない働き方にシフトしていくことは、性別も、年齢も、生まれた国も、住む場所も、考え方も違う多様な人々が活躍していく社会のためにも必要不可欠です。

2020年、Twitter社CEOジャック・ドーシー氏は希望する全従業員に恒久的な在宅勤務を許可しました。同じく、Facebook社CEOマーク・ザッカーバーグ氏は、今後5～10年間で従業員の50%をリモートワークに切り替える方針を表明しています。

日本でも、ヤフーが新聞広告で「オンラインに引っ越します」と宣言しました。さらにみずほフィナンシャルグループとその傘下の銀行や証券会社は、全従業員のうち4分の1の人員を常に在宅勤務とする方針を発表しています。

彼らの決断の理由は、一時の感染症対策のためだけではありません。個人のより良いワークライフバランスのためであり、それぞれが最もパフォーマンスを出せる働き方を作るための選択です。

本書も同様に、感染症対策のために外に出にくい在宅勤務を乗り切るためだけの本ではありません。毎日集まらなくても良い働き方、リモートワークのノウハウを集めた本です。

この本には、集まらない働き方をしている人の事例をたくさん集めました。ストイックすぎてとても真似できないノウハウではなく、よくある身近な普通の会社員のリモートワークの経験談や失敗談、ノウハウをたくさん詰めこみました。

私は社長でも部長でもない一般社員です。この本はマネジメントする側ではなく、される側の視点でリモートワークを最大限活用して、日々の暮らしを大事にしつつ、仕事もちゃんとこなすことについて書きました。

読んでくださる皆さまも、一人ひとりライフスタイルも会社のルールも業務スタイルも異なります。ご自身に役に立ちそうなところを自分仕様にアレンジしつつ、つまみ食いしてください。

2020年10月
シックス・アパート株式会社
壽かおり

CONTENTS

Chapter 1

リモートワークの基本15

Chapter 2

時間の使い方12

Chapter 3

自宅の作業環境を整える方法15

Chapter 4
基本のコミュニケーション10

Chapter 5
オンライン会議のコツ18

Chapter 6

リモートワーカーが知るべきこと16

Chapter 7

家族・子ども・ご近所付き合い10

Chapter 8

気分転換&健康管理法10

Column

デザイン 華本達哉（aozora.tv）

Chapter 1

リモートワークの基本

15

001 ／105

「みんなが毎日集まる」がなくなる

これまでは、「会社員といえば毎日決まった時間に会社に行く」のが当たり前でした。

「毎日決まった時間に」は、フレックスタイム制の普及により、もはや当たり前ではなくなっています。

厚生労働省「平成31年就労条件総合調査」によると、1000人以上の従業員がいる企業の26.6%がフレックスタイム制を導入しているそうです。混雑する時間の電車移動を回避するため、時差出勤を取り入れている会社も増えています。

「会社に行く」の部分については、リモートワークになることで大きく変わります。リモートワークでは主に働く場所は自宅になります。個人で契約するコワーキングスペースやシェアオフィス、会社が用意するサテライトオフィス、近所のカフェや図書館などの公共スペースで働くことが可能な会社もあるでしょう。もちろん、必要なときにはオフィスにも行きます。

仕事の仕方も変わります。**これまでのように毎日オフィスで同僚と顔を合わせません。その代わりに、チームの一員として、オンラインで緊密に情報共有を行い、足並みを揃えます。**

自分の領域の仕事をきちんと遂行し、成果を出す。もちろん、チームメンバーと会うべきときは会い、コミュニケーションを取る。自由度が高い分、自分が自分のマネージャーとなり、やるべきことを進める自律性が求められる働き方になるのです。

テレワークもリモートワークと同じものとして扱います

リモートワーク同様に、出社しないワークスタイルを表現する言葉として「テレワーク」もよく使われています。

総務省サイト「テレワークの推進」ページでは、以下のように定義されています。

「テレワークとは、ICT（情報通信技術）を利用し、時間や場所を有効に活用できる柔軟な働き方です。また、テレワークは、ワーク・ライフ・バランスの実現、人口減少時代における労働力人口の確保、地域の活性化などへも寄与する、働き方改革実現の切り札となる働き方でもあります」

（総務省ホームページより）

テレワークもリモートワーク同様に場所や時間を有効活用できる柔軟な働き方です。異なる部分もありますが、この本では同じものとして、話を進めます。

働き方の自由度は会社によってさまざま

「柔軟な働き方」といっても、会社のルールや業種・担当する職種によってその自由度はさまざまです。

たとえば勤務時間については、緊密に連絡を取り合いながら働くことが重要な職種では、場所は離れていても働く時間は固定というルールになるかもしれません。出社頻度についても、オフィスにある機材が必要な業務や会議の多い職種では「月火水は出社」などと決めていることもあるでしょう。

業務で扱う内容の機密度によっては、一部の業務のみ自宅でのみ遂行可能、カフェやコワーキングスペースなどオープンな場所での作業は禁止といったルールになっているかもしれません。もちろん家庭や個人の事情による制限もあるでしょう。

リモートワークとは、「みんなが毎日集まる」という前提がなくなる代わりに、**個人の都合や担当業務に合わせて働く場所や時間の選択肢が増える働き方**です。

002／105

リモートワークのメリットとデメリット

リモートワークになると、オフィスに行くのは用事のあるとき、または決められた曜日だけ。普段は自宅、もしくはカフェやコワーキングスペースなどで働きます。

毎日出社しない働き方には、こんなメリットがあります。

- ☑ 往復の通勤時間がなくなり、個人の時間が増える
- ☑ 満員電車のストレスがなくなる
- ☑ 自動車や自転車、徒歩通勤による、疲労や危険性がなくなる
- ☑ 家事や家族の世話に使う時間や趣味の時間などを十分に確保でき、QOL（Quality of Life／生活の質）が高まる

一方で、多くの人にとって慣れない働き方であるため、課題もあります。

- ☑ 出社というオンオフ切り替え時間がなくなり、ずっと家で働くため仕事モードへの切り替えが難しい
- ☑ 人の目がないから集中力や緊張感を保てず、仕事が進まな

い

- ☑ 業務上のコミュニケーションのすれ違いが増える
- ☑ 慣れないオンライン会議でさまざまなトラブルが起きる
- ☑ 家に仕事を持ち込むことで、家族との仲が悪くなる

メリットと課題の両方に書いた「家族の話」は表裏一体です。家で働くことを家族が喜んでくれるのか、邪魔に思われるのかは家族との関係や働き方次第です。

家は、仕事に最適化された空間であるオフィスとは大きく違います。お世話が必要な家族がいたり、ご近所付き合いや地域との関わりがあったり、趣味のアイテムがたくさん置いてあったりと事情はさまざま。プライベートな場所で働いているのですから、プライベートな事情が入ってくるのも当然です。

リモートワークになると、暮らしの中に仕事が取り込まれ、その境目が曖昧になります。「ワーク・ライフ・バランス」のワークとライフ、これまでは場所が離れていたこともあって切り離して考えていました。

でも本当は、暮らし（ライフ）の中に仕事（ワーク）も含まれているはず。家またはその近くで働くことで、曖昧になる境目を逆手にとって、新しい働き方を作っていきましょう。

003 / 105

家にいながら休憩中にいろいろなことができる

5分休憩や、ランチタイム休憩にできること

家で働いているならば、平日日中でも数分の休憩時間があれば、個人的な用事をちょこちょことこなすことが可能です。

▶5分の休憩時間があったら、ちょっとした家事

机の上の片付けをする、宅配で届いた荷物を開梱する、ゴミをまとめて明朝ゴミ出ししやすいようにしておく、ドアノブなどを拭いて消毒する、ロボット掃除機をONにする、洗濯物を取り込む、ハンドソープを詰め替える、手拭きタオルを取り替える、夕ご飯の仕込みをしておくといった、一つひとつは数分で終わる家事を仕事の合間にこなせます。

炊飯器・洗濯乾燥機・食器洗浄機・ロボット掃除機などはONにしておけば、仕事している後ろで、機械が家事をこなしてくれるので、時間を効率的に使えます。

▶ランチ後の休憩タイムは、自分の時間

家でお昼ご飯を食べるなら、1時間のお昼休憩のうち数十分は自分の時間を確保できるのではないでしょうか。オフィスで

はやりにくかった、こんなことをやっていても問題ありません。

- ☑ 近所のスーパーに買い出しに行く
- ☑ 録画していたドラマを見る
- ☑ ゲームをする
- ☑ 漫画を読む
- ☑ ヨガ・ストレッチ・筋トレなどの運動をする
- ☑ 楽器を弾く
- ☑ オンラインレッスンに参加する

私用外出もできる

1〜2時間あれば、近所での用事を済ませられる

ずっと家にいる必要はありません。業務時間中でも、休憩のために散歩したり、個人的な用事をこなすために外出することは可能です。業務時間の調整が可能な日であれば、平日日中１〜２時間抜けて、こんな用事をこなすこともできます。

▶役所や銀行関連

平日日中しか対応できない役所や銀行に行く用事などは、仕事の合間にこなすしかありません。これまで半休を取らないと対応できなかった居住地近くの役所に行く用事を仕事の合間にこなせるのはリモートワークの良い点の一つです。

こういった用事は待ち時間が長い場合も多いため、業務のために読んでおくべき資料や資格試験の参考書などを持参し、勉強の時間にするのもいいと思います。

▶病院

歯医者などの予約も、混雑する土日ではなく仕事の予定が調整できそうな平日に取りましょう。空いている時間帯なら、待

ち時間なく、すぐ治療して、すぐ帰ってこられます。

▶子どもの学校関連

小中学校の授業参観や面談、PTA活動などは平日に行われることも多いものです。仕事をさっと抜けて参加できます。

▶ご家族のサポート

会社の従業員である以前に家族の一員です。子どもの送り迎えや親族の病院への付き添いなど、1～2時間で終わることならば、仕事を休まず大切な家族のために時間を使えます。

私用で仕事を抜けるときはどう伝える？

事前に予定がわかっていれば、前日か当日朝に「私用で13時から14時半頃、席を離れます」と、一言チームのビジネスチャットに伝えておけばよいでしょう。

チームメンバーにとってもあなたがしばらく離席していることがわかっていれば、チャットが1～2時間遅れても大丈夫です。急用で席を外す必要ができてしまったら、「すみません、今から2時間ほど席を外します」と伝えればよいでしょう。

このような連絡が飛び交っているのを見ると、しょっちゅう用事がある人やそうでない人もいることに気づくかもしれません。でも、それを気にする必要はないと思います。

それぞれいろんな個人の事情があります。事情はライフステージによって変わっていくもの。お互い様です。

本人が自ら説明しない限り、わざわざ詮索する必要はありま

せん。その分、本人がどこかで埋め合わせて仕事をすればいいのです。

出かけるときは、なるべく混まない時間帯で

仕事にせよ私用にせよ、電車移動する際はなるべく満員電車にかぶらない時間帯に設定することをオススメします。出勤ラッシュが落ち着いた昼過ぎに移動、終わったら夕方の帰宅ラッシュに巻き込まれる前に帰ります。

行きも帰りも比較的空いている電車で移動することで体力的にも楽ですし、かなり微力ではありますが満員電車の混雑低減にも寄与します。

1 基本 2 3 4 5 6 7 8

005 / 105

こまめに発信して存在感を示そう

リモートワークでは、「真面目に出社して働く姿」は評価の対象になりません。毎朝遅刻せずに会社に行くことや、オフィスでバタバタ小走りして忙しそうに動き回る、冷却シートをおでこに貼って残業する、いろんな人に話しかけて様子を聞いて回る。そういった「真面目に仕事をしているアピール」はもうしなくていいのです。

真面目に出社して働く姿は社内へのアピールだけでなく、自分の気分にも影響を及ぼしていたかもしれません。これまでは定時までオフィスにいて忙しそうにしていれば「今日は働いた」という気持ちになれました。

ですがリモートワークになって、家で一人、オンラインでも誰ともコミュニケーションせずに黙々と仕事をしているだけだと、社内のメンバーからも見えないし、自分としても「仕事したぞ」という達成感を得にくくなります。

真面目に働く姿でアピールする代わりに、リモートワークでは取り組んでいることをこまめに発信することで存在感を示します。チャットに飛び交う雑談も含めたメッセージや、業務クラウドツールに進捗状況をアップデート、カレンダーに登録されている会議の予定などで、自分が稼働していることを発信するのです。

成果だけではなく、挑戦や努力も発信しよう

「真面目な勤務態度はアピールにならないなんて、リモートワークは厳しい」と思うかもしれません。

　でも、すべての部署やポジションでわかりやすい成果を出せるわけではないし、すぐに成果が出る仕事ばかりではありません。それは評価する側も理解しているはずです。

　だからこそ、**今取り組んでいる活動とその意義についてこまめに発信することが、リモートワークに求められる新しい「真面目さ」**だと思います。定時に出社して何かしら忙しそうにしていることではなく、実際に取り組んだチャレンジ、努力、そしてその成果を発信していきましょう。

006 ／105

家で一人でもきちんと身支度しよう

始業５分前にベッドから抜け出してきてそのままデスクに向かっていないでしょうか。

さっと顔を洗って歯磨きしただけで、寝癖・パジャマのままでもパソコンに向かえばパチッと切り替えてやる気が出てくるならよいですが、寝起きの格好＆寝癖頭のままでパソコンを立ち上げて、すぐSNSを見て、気がついたら１時間経っていたということ、ありませんか？　私はあります。

通勤をしていたときは、身支度して電車などで移動してオフィスに着いて、ビジネスモードONの顔で同僚に挨拶してから仕事を始めていたと思います。**移動時間が不要な在宅勤務でも、ビジネスモードに切り替えられるルーティーン（一連の儀式）を行う時間は必要です。**

５分前ではなく、身支度をして朝ご飯を食べる時間の余裕を持って起きましょう。それが、30分前なのか、１時間前なのか、その時間は人それぞれだと思います。鏡を見て、ちゃんと目が覚めた顔をしているか、確認しましょう。顔を洗って、歯磨きをして、髪も寝癖のままではなく、ちゃんと整えましょう。

暑さ寒さは、身につけるアイテムでも対策

空調設備が整っていていつでも快適なオフィスと比べて、家は立地・一軒家かマンションか・部屋の向き・エアコンの効きなどで、季節ごとの日中の過ごしやすさに大きく差があります。気候に合わせて、仕事中に快適に過ごせる服装やアイテムを用意しましょう。

暑さ寒さ対策のポイントは、太い血管が通る三つの首、いわゆる首と手首と足首と言われています。

暑さで集中力が続かない盛夏は、保冷剤をくるんだタオルや手ぬぐいを首に巻くと、火照った頭もキンと冷えます。足元はルームサンダルを履くと、フローリングを歩くときに足裏がペタペタ張りつかず快適です。

冬はレンジで温かくなるジェルタイプの湯たんぽを抱えたり、マフラーを首に巻いたり、靴下を二重にはいたり、腰に電気ひざ掛けを巻いたり、手袋（トラックパッド派は手袋の指先をカット）をするなどいろんな冷え防止の策があります。

暑さ寒さが一番ツライ時間帯には、自宅から逃げ出すのも良いでしょう。コワーキングスペースやカフェや図書館など多くの人が使う場所は、夏は涼しめに、冬は暖かめになっていることが多く快適です。「家にいるのが限界だ！」と思ったら、即座にノートパソコンを片手に避難です。

日焼け対策も忘れずに

自宅で働いていると忘れがちなのが、日焼け対策。窓からは、自然光と新鮮な空気と一緒に紫外線も入ってきます。毎日数時間、無防備に窓の近くで働いていたら、窓側の腕だけ日焼けするかもしれません。

窓際にデスクがある人は、軽く日焼け止めを塗る、UVカットのカーディガンを着る、窓に紫外線防止フィルムを貼るなど対策しておくとよいでしょう。

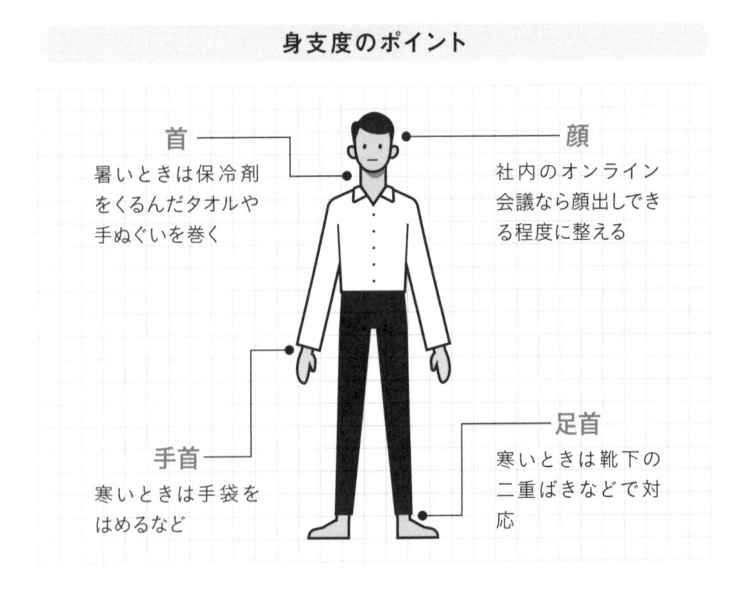

007／105

仕事モード ONになれる 格好にしよう

服装の自由度が増すことは、リモートワークの利点の一つです。特に自宅の場合は、スーツにネクタイ、革靴やパンプスで働いていた人も、もう少しゆったりと楽な服装で勤務することができます。

一日中ずっと家で働くときも、仕事モードに切り替える毎朝の「儀式」として、着替えることは大切です。最低限、パジャマから、清潔で快適な仕事モードになれる服に着替えましょう。

目安は、社内メンバーとのオンライン会議ならば、すぐに顔を出せるくらいの身支度です。社外の方とのかしこまったオンライン会議には、ジャケットを着たり、メイクを整えたりと、多少の準備で参加できるくらいでいいと思います。

身なりを整えておけば、とっさの外出や、ランチのお誘い、顔出し必須の緊急オンライン会議、空いた時間にスーパーに買い出しというときにすぐに動けて効率的です。

仕事中の格好は人それぞれ。いくつかパターンを紹介します。

家でも常に、オフィスに行くときと同じ身支度で

コンビニに行ける程度のワンマイルウェアじゃ仕事モードになれない。ならば、ばっちりオフィスモードのスタイルに身を包みましょう。髪をきっちりセットする。アクセサリーを付けることが、ONモードに切り替えるスイッチになる人もいます。

気楽さ・動きやすさ重視

「季節に合った着心地の良い服に着替えたら、髪はお団子にまとめてメガネが楽ちん！」なら、それもありです。家の洗濯機でじゃぶじゃぶ洗える服ならば、多少汚れても安心なので、そのままの格好で料理も洗濯も掃除もでき、子どもと公園にも行けます。

ヨガウェアなどのアクティブウェアもオススメです。運動不足になりがちな在宅勤務のあいまに、筋トレしたりストレッチしたりと体を動かしやすいです。女性ならばインナーをカップ付きのブラトップにするのも楽です。ワイヤー付きの窮屈なブラと違って、動きやすいし締め付けもなくてほどほどにホールド感もあって快適です。

フードにすっぽりこもって集中

フーディーのフードをすっぽりかぶると集中モードに入るタイプもいます。個室がなくて、家族がバタバタ近くを通る環境で仕事をする人もいるでしょう。

そういうときは、フードをかぶると左右の視界が狭まり家族のバタバタが見えにくくなります。背後からの音も少しだけシ

ャットアウト。真正面の画面だけに集中できます。

見た目より、美容や健康重視のときもあってよい

着替えるのは、気分を切り替えて快適に働くため。だけど、誰かと会うわけでない家の中であれば、仕事と同時進行可能な美容・健康ケアをしていても大丈夫です。

顔出しのオンライン会議がない時間ならば、肌のコンディションを整えるためにフェイスパックを貼った真っ白い顔で作業をしていても、全く問題ありません。バランスボールをイス代わりにして体幹を鍛えてもいいし、腹筋に効くらしいEMSベルトを装着したまま仕事をしてもよいでしょう。

かっちりビジネスモードの服は少数精鋭ですむ

外出頻度が減ると、ビジネスモードの服をたくさん揃える必要がなくなります。毎日着て出歩くならば洗い替えも含めてたくさん必要だったスーツやワイシャツやブラウスやその他ビジネスモードの服が、気にいったものを厳選した数セットですみます。経済的にもありがたいものです。

008 / 105

光熱費、お茶代、細かくお金がかかります

オフィスで提供されているものを自分で用意しないといけないのがリモートワークです。業務用のパソコンやスマホは会社から支給されているとしても、他にこんなコストがかかります。

▶通信回線

家で働くならば、通信回線と機材の用意はマストです。家に回線を引くのであれば、オンライン会議も安心してできる十分な速さの回線を契約し、無線接続できるWiFiルーターも必要になります。

▶光熱費

日中の電力使用量が確実に増えることに加えて、エアコン利用時間が増える真夏と真冬はさらに光熱費がかさみます。

毎月の光熱費・通信費を個人利用分と業務利用分とで厳密に按分するのは難しいですが、おそらく業務利用分だけでも、毎月数千円は追加でかかります。

▶デスクやイス

数日ならば、ちゃぶ台やダイニングテーブルで作業できたと

しても、ずっと在宅勤務が続くのであれば、仕事に集中できるデスクやイスなどワークスペース作りにお金をかけたくなるでしょう。

▶福利厚生として提供されていたお茶やスナック

オフィスにいたら飲み放題だったコーヒーも、家では自分で淹れなければいけません。それならばと、自分好みのコーヒー豆や茶葉、淹れる道具を揃えていくとお金がかかります。

仕事中の気分転換に美味しいドリンクは欠かせない人も多いでしょう。在宅勤務の必要経費です。

▶カフェやコワーキングスペース利用料金

リモートワーカーの働く場所は、家だけではありません。

気分転換に、または外出の途中にカフェやコワーキングスペースで働くこともよくあること。その際には、カフェ代やコワーキングスペースの利用料がかかります。

▶運動関連

通勤がなくなった分の運動量確保もリモートワーカーの課題の一つです。毎日リモートワークのシックス・アパート社員は全員、ヨガマットやダンベルなどの手軽な運動グッズを用意しています。フィットネスジムを利用する人もいます。

これらのコストを積み重ねていくと、毎月そこそこの出費になります。これを個人でまかなうのは、しんどいものです。

テレワーク手当の導入を検討してもらおう

光熱費・通信費や機材については、業務遂行に必要な経費です。自宅で利用する以上、個人利用分と按分するのが難しい部分もありますが、会社の業務のために個人の財布からコストを支払うのは望ましくありません。

リモート中心のワークスタイルに変わったのであれば、**社員のリモートワーク環境を維持するための手当創設を会社に検討してもらいましょう。**

社員の出社頻度が下がることで、会社にとっては定期券代の支給が不要になり、オフィスの光熱費も下がるはず。これらの削減できたコストを、手当の原資にできるはずです。

リモートワークにおける出費

出費㊦減

外食費、飲み代 など

出費増

通信回線

光熱費

デスクやイス

お茶や
スナック

カフェなどの
利用料金

運動グッズ

どうしても出費が増えるので、
テレワーク手当ての創設を検討してもらう

009／105

クラウドツールを活用しよう①
コミュニケーションツール編

各種クラウドツールを使いこなすのは、リモートワーカーに欠かせないITスキル。特にコミュニケーションツールは、対話する相手に合わせてさまざまなツールを使い分けることになります。

たとえば、私（IT企業の広報担当であり、製品チームリーダーであり、他社の仲間とともにコミュニティを運営）は社内外のさまざまな方と連絡を取り合うために、以下のようなツールを使っています。

ビジネスチャット

短文で素早いやりとりができるチャットツールは、メールに代わるリモートチームのコミュニケーションのメインです。

オフィスと違って、近くにいる人たちの会話は聞こえてこないけれど、ビジネスチャットの誰でも見られるチャンネル内の会話ならば、メンバー全員に情報が伝わり情報格差を減らせます。

▶Slack

米国Slack Technologies社が開発した、ビジネスチャットツールです。シックス・アパートの社内コミュニケーションの中心地になっています。各チームの業務報告や相談、各種クラウドツールの新規投稿のお知らせ、雑談場所として頻繁にアクセスしています。会社のグループだけでなく他社との共同プロジェクトのためのグループ、コミュニティのグループと複数のグループのアカウントを所有しています。

▶Chatwork

日本のChatwork株式会社が開発する、ビジネスチャットツールです。おもにChatworkで連絡を取り合う他社とのプロジェクトの際に利用しています。チャット機能に加えて、仕事を依頼したい相手に、期限を指定して「タスク」を設定できる点が特長です。

SNSのチャット機能

会社やプロジェクトごとに作られたクローズドグループにアカウントを作る必要があるビジネスチャットに対して、**SNSのチャット機能は互いにフォローしていればすぐに連絡を送り合えます。**

▶Facebookメッセンジャー

私の所属するIT業界では、Facebookがビジネス SNS としても広く利用されています。特にFacebookメッセンジャーは、互いにフォローしていればメールよりも気軽に連絡が送り合えるため、他社の方とのコミュニケーションの中心地になっています。

コラボ企画の提案も、オンライン飲み会のお誘いも気軽に送り合っています。私の場合は1日に社内でチャットする人数よりも、メッセンジャーで他社の方と話す人数の方が多いくらいです。

▶Twitterダイレクトメッセージ

Facebookメッセンジャー同様にTwitterでつながっている他社の方とのやりとりに使っています。

実名アカウント必須のFacebookと異なり、匿名で趣味的な内容を投稿することも多いTwitterでは、より雑談的なコミュニケーションに使われることが多いように感じます。

▶LINE

移動中の短い連絡などはLINEで行うこともあります。スマホにインストール済みで操作にも慣れている方が多いため、連絡手段としてすぐに使えるのが特長です。

個人のアカウントを兼用するのではなく、業務専用のアカウントを用意するならば、同じ使い勝手でよりビジネス向けの機能が追加された「LINE WORKS」を利用する方法もあります。

メール

社内のコミュニケーションはビジネスチャット、よくやりとりする他社の方とはFacebookメッセンジャーと、2種類のチャットではほとんどの仕事を進めているため、メールの利用頻度は一気に下がりました。とはいえ、メールがなくなることはありません。主に以下のような役割に活用しています。

▶社外の方との連絡のやりとり

他社の方と初めてやりとりする場合には、これまでどおりメールを活用しています。連絡頻度が高まるとSNSに移行することもよくあることです。

▶メールマガジンなどでの情報収集

チェックしておきたい業界動向やニュースをチェックするには、テキストで読めて後から検索できるメールマガジンは引き続き便利なツールです。

▶各種オンラインサービスからのアップデート通知確認

ビジネスチャット、業務タスク管理ツールでの自分宛の投稿やアップデートのお知らせが届きます。そのサービスにしばらくログインしていなくても、必ず確認すべきことはメールでも通知してくれる場合が多いので、引き続きメールのチェックは欠かせません。

オンライン会議ツール

オンライン会議ツールについては、自社で利用しているツールに加えて、他社との会議の際には先方から指定されたツールも使うことになります。ツールごとに多少操作感は異なりますが、基本的な機能は共通しています。

基本的な機能とは、複数人が参加できるビデオありのオンライン会議の開催（無料プランでの利用の場合は利用時間や参加人数などの制限があります）、パソコン・スマホアプリからのログインに対応、参加者側はユーザー登録不要、画面共有、チャット機能などです。

新しいオンライン会議ツールを使うときには、カメラやマイクが問題なく動作するかをテストしておくと安心です。「〝ツール名〟 接続テスト」などで検索すると、それぞれのツールが公式に提供しているテスト方法が見つかります。初めて使うツールであれば、事前に試しておくといいと思います。

オンライン会議でよく使われるツールを紹介します。

▶Zoom

米国Zoomビデオコミュニケーションズ社が提供する、無料で最大100人までの接続が可能なオンライン会議ツールです。

指定のURLにアクセスするだけで会議に参加できる簡単さが評価され、コロナ禍で1日の平均ユーザー数が一気に20倍に増加（2019年12月の約1000万人から2020年3月に約2億人）したことでも話題になりました。上位プランで利用可能なウェビナー機能を使って、オンラインセミナーの配信ツールとしても多く活用されています。

▶Skype

2003年エストニアで誕生し、2011年米国マイクロソフト社に買収されたインターネット通話ツールです。2000年代半ばから、オンライン会議や海外にいる人とのビデオ通話といえばSkypeが多く使われてきました。2020年4月には、サインアップ・ダウンロード不要で、すぐに使える「Meet Now」をリリースし、Skypeを利用していない人ともオンラインビデオ会議を開催できるようになりました。

▶Cisco Webex

世界大手のネットワーク機器開発会社シスコシステムズの子会社、米国Cisco Webexが提供するオンライン会議ツールです。100名まで参加可能、最大50分のミーティングを無料で開催できます。

▶Microsoft Teams

米国Microsoft社が開発するビジネスチャットを中心としたコミュニケーションツールです。オンライン会議機能では、通話相手のパソコンを遠隔操作できることが特長です。

▶Whereby

ノルウェーで開発されているオンラインビデオ会議ツールです。ブラウザ内で完結するので、アプリのインストールが不要です。無料プランでも4人までなら時間無制限で利用できます。2019年8月まではappear.inという名前でした。2020年7月に日本語で利用できるようになりました。API（他サービスと連携できる仕組み）を使って、自社サービスにオンライン会議機能を組み込むといった使い方も可能です。

▶Google Meet

Googleが開発するオンライン会議ツールです。2020年4

月にGoogle Hangouts Meetを改称し、「Google Meet」として独立したサービスとなりました。2021年3月までは、無料ユーザーも利用時間無制限で使えます。Googleカレンダー上から会議接続のためのURLを発行できます。

雑談の場としてのSNS

毎日顔を合わせなくなる中で、Facebook、Twitter、Instagramといった SNSは近況を共有し合い、雑談する場としてもその価値が高まっています。

個人的な日常の発信に対して、いいねをしたりコメントしたりすることで、直接会えない分の交流を埋めている側面もあります。

IP電話

リモートワークを行う会社が増え、会社の代表番号に電話をかけても、担当者とつながりにくくなっています。そのため、営業や広報担当など、電話をする機会が多い人には、会社の電話番号から発信できるIP電話を配布しています。

自分のスマホに指定のアプリをインストールして利用することもできますし、自宅に電話機を設置して利用することも可能です。外線を着信させないなどの設定も簡単にできるようになっています。

010 / 105

クラウドツールを活用しよう②
業務ツール編

続いて、業務ツール編です。こちらは所属する会社の業種や担当の職種によってさまざまだと思います。

セキュリティ

▶FortiClient VPN

社内ファイルサーバーや社内用ツールなど、特定のIPアドレスからしかアクセスできないサービスを利用する際には、VPN（Virtual Private Network）ツールを使っています。

Gmailなどのどこからでもアクセス可能なサービスを使うときには不要なので、社内ファイルサーバーに接続するときだけ接続して利用しています。

セキュリティツールの利用に関しては、会社ごとに利用方法やルールが定められていると思います。安全にオンラインで業務を進めるために、自社ではどんなルールが定められているか、ご確認ください。

情報共有とカレンダー

▶Google カレンダー

仕事の予定はすべてここに登録されているため、チームメンバー全員の予定を確認することができます。

▶Googleドキュメント&スプレッドシート、Wiki

社内のドキュメントを共有するツールです。さまざまな業務上の共有資料が投稿されており、オンライン会議の議事録ツールとしても日々多用しています。

人事労務

▶KING OF TIME

出退勤時間はもちろん、業務時間中の私用での中抜け時間も登録しやすい勤怠管理ツールです。時間の使い方の自由度が高いリモートワークに適しています。

▶SmartHR

労務関連の電子申請や給与明細デジタル発行に利用している人事労務管理ツールです。紙でのやりとりを減らせます。

経費精算

▶MFクラウド経費

パソコンやスマホから登録できる経費精算ツールです。個人で立て替えた経費を、領収書画像とともに申請しています。

▶Amazonギフト券

希望する社員には、少額の立替経費の精算をAmazonギフト券で支払っています。少額の精算のための銀行振込手数料を節約するアイデアです。

開発

▶GitHub

ソフトウェア開発のプラットフォームです。技術仕様策定のための議論も、決定した使用をまとめるドキュメントも、エンジニアが書くプログラムのソースコードのバージョン管理も一つのツールでまとめて管理可能な開発業務の中心地です。

適材適所のツールを活用することで、業務の効率化・チームのタスクや進捗状況の可視化・ペーパーレス化に大きく貢献します。

011／105

クラウドツール活用の注意点

クラウドツールの種類が多すぎる問題

会社やチームで用途ごとに必要なクラウドサービスを契約していくと、あっという間に種類が増えていきます。

シックス・アパートでも、社員が1ヶ月に業務利用するクラウドサービスのアカウント数は10や20では足りません。

頻繁に使うツールならばまだしも、たまにしか使わないツールは名前やアクセス方法を忘れます。

「経費精算に使うツール、なんだっけ？」
「Webチームに製品ページ作成依頼って、どこから出せばいいんだっけ？」
「VPNのツールの再インストールと設定方法どこに書いてあるんだっけ？」

こういったことは、日常茶飯事です。

「もう覚えきれない！」と悲鳴をあげたくなったら、業務で使うツールのリストとリンクと使い方をまとめたページを作って、

社内で共有しましょう。

さらに定期的に見直してアップデートすることで、多くの社員の探し物タイムロス削減に寄与できるはずです。

クラウドサービスの障害発生時にできること

クラウドサービスを多用している分、そのサービスに障害が発生したときに大きな影響を受けてしまうのはリモートワークの弱点かもしれません。

たとえば、ビジネスチャットがエラーで接続できないとき、メールソフトの挙動が不安定なとき、オンライン会議ツールが突然落ちたとき、開発作業に必須なツールが落ちているとき、その他にも業務に必須な各種ツールが利用できなくなることは、たまに発生します。

それがクラウドサービス側の障害によるものだとしたら、利用者である私たちは解決まで待つしかできません。

2020年8月にも、GmailやGoogleドライブなど、Googleが提供する複数のクラウドサービスでファイルアップロードができなくなるなどの障害が発生しました。

障害が発生したのは午後1時半頃。私はランチが終わって、午前中の作業の続きをとGoogleドキュメントを開いたところ、読み込みがいつまで経っても終わらず様子がおかしいことに気づきました。

Wordファイル形式でダウンロードして作業を進めようにも、ダウンロードもできない。仕方ないので、画面に表示されている編集中の文章をすべてコピーしてWordにペーストし保存してバックアップを取った上で状況把握を行いました。

ビジネスチャットを見ると、ITチームのスタッフがGoogleのクラウドサービス障害発生のニュースを共有しています。

Twitterに「Google」とキーワードを入れて検索してみると、サービス障害に困っている人の声が多数見つかります。こうなったら、一利用者としては復旧を待つしかありません。Gmailで緊急に連絡をしないといけない相手がいれば、チャットや電話など別ルートで連絡を取ります。

必要な連絡が済んだら、お茶を飲んでいったん小休憩です。

「午前中、普通に作業していたのに突然接続できなくなってネットで調べたら、サービス側の障害だったとわかった」

この一連の作業で、集中力は完全に途切れてしまったのです。

しばしお茶を飲んで気持ちを切り替えたら、復旧のニュースが届くまで、別の作業をしながら待つだけです。

このときのGoogleの障害の完全復旧がアナウンスされたのは20時過ぎ。業務にGoogleのサービスを多用する方は、この日はほとんど仕事にならなかったのではないでしょうか。

クラウドサービスの障害がたまに発生するのは仕方のないこと。復旧を気長に待ちましょう。

012 / 105

オフィスの近くに住まなくてよい

月数回の出社でよいのであれば、オフィスの近くに住む必要性が大きく減ります。

駅から近くなくてもいいし、自宅のからオフィスまでの乗換が多くてもなんとかなります。

代わりに、ご家族の職場に近いエリア、子どもの教育に適したエリア、実家に近いエリア、広い部屋を確保できる家賃が割安なエリア、サーフィンが好きなので海の近く、野球場へのアクセスがよいところ、などこれまでと全く違う条件で選ぶことができるようになります。

出社頻度が年に数回でよいのであれば、国内でも海外でもさらに住む場所の選択肢は広がります。

実際に、月１～２回しか神保町に出社しないシックス・アパートの社員は、その半数が都外に住んでいます。都内から群馬県に引っ越したある社員は、平日日中は家でパソコンに向かい、仕事の合間の休憩には庭の植物を眺め、仕事終わりや休日には庭仕事をして暮らしているそうです。東京に住んでいるときには得られなかったライフスタイルです。

月1回出社なら、長野に住みながら正社員として働ける

シックス・アパートには、ずっと長野に住んでいるエンジニアもいます。彼は、全社員が毎日オフィスに出社していた時代から、外部スタッフとして製品開発に関わっていましたが、あるときから「開発にもっと深く関わりたい」との思いからフルタイムでコミットする契約に変更しました。

当時は会社にリモートワークの制度がなかったこと、本人が東京への移住や長野から毎日出社するという形は希望しなかったこともあって、「フルタイム相当の業務委託」という形に落ち着きました。そして2016年夏に必要なときだけ出社すればいいSAWSが始まったことをきっかけに、シックス・アパートの正社員として入社。彼は、SAWS以前も今も長野に住んで神保町のオフィスに新幹線で月1回程度出社するスタイルで勤務しています。

会社としても、彼が長野にいることで地域のコミュニティとの縁がつながります。長野エリアのウェブ制作者コミュニティ「id=Nagano」がその活動の一つとして、「MT長野」という弊社製品のコミュニティを運営してくださっているのもその一例です。

本人は、「入社以前から県内で行ってきた活動が今の仕事につながっています。id=Naganoコミュニティや、県内パートナー企業の皆さまに支えられて今の自分があると思っています」と語ります。

013／105

リモートワークのベースは信頼

リモートワーカーとして働くベースは信頼

リモートワーカーでいられるのは、会社やチームから信頼されている証だなと思います。常に働いているかを監視しなくても、やり方を細かく指示しなくても、どこにいても、ちゃんとやり遂げてくれる仲間だと思われている。

同じように自分自身も、リモートワーカーであるチームメンバーを信頼することで仕事が回るのです。

良いチームでいるために、信頼し合える仲間でいる努力をしましょう。

プログラミング言語Rubyのコミュニティには「MINASWAN」という標語があります。

これは "Matz is nice and so we are nice." の略で、「（Rubyの生みの親である）Matz さんがniceな人なので、Rubyコミュニティに所属する我々もniceでいよう」という意味です。

ポジティブな態度は人に伝染していきます。リモートチームにおいても、それぞれがniceであろうとする努力が、良いチームワークを生み、良い結果につながります。

コミュニケーションは頻繁に

信頼関係を培うベースは、ちゃんと様子が見えていることです。逆に言えば、「あの人、何やってるかわからない」と思われることが不信の始まりです。

仕事に取り組んでいる姿勢は、リモートでもちゃんと見えます。業務クラウドツールに進捗をアップデートしている。共有カレンダーにタスクや予定が登録されている。ブログやSNSで外へニュースを発信している。チームのオンライン会議で積極的に発言している。

業務の進捗を知らせるアクションだけでなく、ビジネスチャットの雑談チャンネルに話題を提供することや、スタンプで反応して盛り上がることも存在感を示す一つの方法です。

014／105

コミュニケーションは「言葉」で伝えよう

感謝も称賛も言葉で伝えよう

言わなくても伝わっていると期待するのは、よくあるすれ違いの元。だから、感謝も称賛もきちんと言葉で伝えることを心がけましょう。リモートワークにおいては、直接顔を合わせる機会が少なく、文字のやりとりが中心になるのでなおさらです。

何かをしてもらったら「ありがとう、助かりました！」と伝える。良い意見であれば「その視点は新しいね」と伝える。チームみんなに良い影響を与えることであれば、みんなからも見えるオープンな場所で伝えるといいと思います。

小さな「Good Job！」をなるべく見逃さず、チームに貢献している多くの人が互いに感謝を伝え合う関係を築くことができると、より良いリモートチームに近づいていくと思います。

会社によっては、ピアボーナスと呼ばれる、従業員同士で感謝の言葉とともに少額の報酬を送り合う仕組みを導入しているところもあります。このように感謝を伝える仕組みはリモートワークと相性が良いでしょう。

誤解なく伝えよう

情報を受け取る側の立場に立って、誤解なく伝える努力をしましょう。

まずは、主語と述語を明確にすること。「誰に」やってほしいのか、「何を」やってほしいのか伝わりにくい言葉使いは避けましょう。

他にも、質問に対して返ってきた「大丈夫です」の一言。このような、「YESなの？　NOなの？」と相手を迷わせる曖昧な言葉遣いはやめましょう。YESでもNOでも明確に、さらに理由を添えて伝えることが大事です。

「質問と答え」この一往復で終わるシンプルなはずの話なのに、相手の言葉の真意がつかめず数往復のやりとりが追加で必要になる。このように、深掘りすべき中身の議論ではなく、言葉のすれ違いに労力がかかる状態を**「コミュニケーションコストが高い」**と言います。そうなると、チームでのリモートワークがスムーズに回りません。

相手の言葉を悪く受け取らない

誰かの言葉を悪く受け取らないことも大事です。目の前に相手がいるわけではないので、文章に書いていないことは伝わりません。

作業依頼に対して「了解しました」と一言書かれていただけなのに、「あああ、いつもならもっと丁寧に返事が来るのに今日は一言だけ。毎回面倒なお願いばかりしてしまって、きっと私のことあきれているんだろうなあ。次にまたお願いするのが怖い」と書いてない行間を読んで、ストレスに感じていてもしんどくなるだけです。

個人へのフィードバックは、直接対話できる方法で

本人の資質に関わらないテクニカルな課題であれば、オープンに議論すればいいと思います。

ただし、個人に対してのフィードバックは、ネガティブなものでもポジティブなものでも、1対1で伝えるのがいいと思います。相手の意見を聞く貴重な機会でもあります。

リモートチームであっても、可能であれば直接会う、顔を見ながらオンライン会議する、電話する、ダイレクトメッセージでチャットするなど、相手に合わせて本人の意見を聞きやすい方法を選ぶとよいでしょう。

015 ／105

働き方について家族と話をしよう

毎日出社しない働き方になるならば、**同居するご家族と家で働くスケジュールや互いに気を使うべきこと、家事の分担について話し合っておくことをオススメします。**

リモートワーク開始当初、シックス・アパートのある社員がこんなことを言っていました。

「家にいるのを良いことに、家族から日中に遠慮なく仕事を頼まれがちなんだよね。すぐやるべきですぐ終わることなら積極的に手伝う。たとえば、宅配の荷物を受け取っておいてとか、雨が降りそうだから洗濯物取り込んでおいてとか。でも、仕事の手を長時間止めないといけない用事は突然言われても対応できないんだよね。休みじゃないので、日中の最優先は仕事だってわかってほしい」

ちょっとした買い物や子どものお迎えなど、20～30分ほどで帰ってこられる用事であれば、仕事に余裕のある時間帯なら対応可能かもしれません。ですが、ご家族の通院の付き添いなど往復で数時間の用事を気軽に頼まれるとちょっと困ります。

他にも、数分で終わることとはいえ、スマホに迷惑メールが来て困っているから今すぐ助けてほしいなど、仕事中に「それ、あとでよくない？」と言いたくなるような家族からの不要不急の要求がエスカレートしてしまうこともよくあることです。

業務時間中であってもちょっとした家庭の用事を進められるのがリモートワークの良い点です。ただし、日中に家事を優先してしまい、仕事が進まなくなったら本末転倒です。

家にいることで生活が変わるのは家族も同じ

ご家族からしても、日中に家にいる大人が増えることで生活スタイルが変わります。

宅配の荷物を受け取っておいてもらえるなど役に立つことがある一方で、トイレットペーパーなどの消耗品が減るスピードも速くなるし、お昼ご飯や仕事中のコーヒーで食費や洗い物も増えるし、ワークスペースがある分だけ部屋が狭くなります。

ご家族が特に気を使うのは、オンライン会議中です。カメラに写り込みたくないから、後ろを通らないように気をつける、マイクに掃除機や洗い物などの生活音を響かせたくないので家事を控える、テレビやラジオやBGMを消す、しゃべり声のボリュームを下げる、子どもやペットが会議の邪魔をしないように別の部屋で相手をするなど、負担が増えます。お互いのために、仕事中はどうしてほしいのか話し合っておきましょう。

家族と話し合うべきポイントについては7章で詳しく紹介します。

COLUMN
#1

必要なときだけ出社する働き方「SAWS」になった

「信頼、性善説に基づいて、無駄を省いて、本質的な働き方をしよう」

これは私が所属する会社シックス・アパートの行動指針（Code of Conduct）の最初に書かれているメッセージです。

最初に、信頼すると決めました。だから、相手を疑い、縛るためのルールは作らない。無駄を省き、本質的なことに注力しよう。その考え方をベースに生まれたのが、シックス・アパートの働き方「必要な時しかオフィスに出社しなくてよい」というものです。

必要なときにはいつでもオフィスに行くけれど、普段は自宅でもコワーキングスペースでもカフェでも好きな場所で働くことができます。私たちは、これを「SAWS（Six Apartらしい Working Style の略、サウス）」と呼んでいます。

「SAWS」とは、2016年夏に当時の親会社からの従業員買収（EBO）による独立を果たしたことをきっかけにスタートした、社員一人ひとりが幸せにかつ生産性高く働ける仕組みです。

オフィスに限らず、自分にとって一番生産性が高い場所で働けます。会社にとっての生産性ではなく、プライベートも含めて自分にとって一番幸せでパフォーマンスが出せる働き方を自分で選べるのです。

オフィスのあり方も変えました。それまで赤坂にあった120坪の広さで50席ほどあるオフィスから、30坪で総務メンバー2席とフリーアドレスの10席だけを設ける神保町のオフィスに移転。オフィスに行くのは、会議など必要があるときだけです。

現在、30人ほどいる社員のほとんどが、オフィスに出社する頻度は月に1～2回程度です。自宅よりもオフィスの方が働きやすい社員や、事務的な書類対応などがある総務メンバー、来客の多い営業系メンバーなど、週1～4回出社している人もいます。ただし毎週水曜はオフィスをクローズしているため、平日週5日出社する社員はひとりもいません。

この「基本出社不要」というワークスタイルに注目いただき、テレビ、新聞、ラジオ、雑誌、ウェブメディアなど多くのメディアで取り上げられ、令和元年度「東京都　スムーズビズ推進大賞　大賞」ならびに、令和元年度「総務省　テレワーク先駆者百選　総務大臣賞」にも選ばれました。

では、なぜこのような働き方に至ったのでしょうか。

ブログの会社だからどこでも働けるスタイルが必然だった

2001年10月、米国同時多発テロの翌月にブログツール「Movable Type」が生まれました。未曽有の出来事に直面した人々が、刻一刻と変わる最新の状況の共有やその解釈について、意見を交わし対話するツールとして、ブログはうってつけでした。

2002年にMovable Typeのビジネス展開を行うため、米国サンフランシスコでSix Apart社が設立されました。その翌年である2003年、ニフティ社のココログのエンジンとしてSix Apartのブログツールの採用が決まったことをきっかけに、日本の子会社としてシックス・アパート株式会社が設立されました。

ちなみに、よく不動産屋さんと間違われる「シックス・アパート」の社名は、創業者である夫婦の誕生日が6日間離れていることに由来しています。six days apart、このdaysを省略して、Six Apartになりました。

個人向けブログツールとして始まった「Movable Type」は、現在もシックス・アパートの主力製品です。今ではブログのみならず、企業のコーポレートサイトや製品サイト、社内情報ポータル、オウンドメディアなどのウェブサイトを構築・運営するツールとして幅広く活用されています。

誰でもどこにいてもオンラインで発信できるツールを開発し提供してきたからこそ、シックス・アパートのメンバーにとっては働き方についてもフレキシビリティを求めるマインドが常にありました。創業当初より、ご家族の体調不良など必要なときにはチームに共有した上で、いつでも在宅勤務が可能でした。

東日本大震災による節電要請を機に週1リモートワーク開始

ワークスタイルを変革する最初のきっかけになったのが、2011年の東日本大震災でした。東日本大震災による電力危機を受けて、その年の夏、政府から15%の電力削減が企業に対して要請されました。シックス・アパートでは、電力需要が最も高い夏期（7～9月）のみ毎週水曜はオフィスをクローズし、社員にリモートワークを推奨することで、20%の電力削減を実現しました。

このリモートワークを開始する際に、全社員が自宅やカフェなどオフィス外で業務をつつがなく遂行できるようにするための仕組みを整えました。ノートパソコンの暗号化をはじめとするセキュリティ対策のルール作り、オフィス内の業務サービスやファイルに安全にアクセスするためのVPN、離れていても円滑にコミュニケーションするためのチャットツール、業務進捗を見える化するための各種クラウドサービスの活用、オフィスの電話も留守番電話に切り替えるといったものです。

EBOをきっかけにSAWSへ

2016年のある日。全社ミーティングの場で、代表の古賀から三つの発表がありました。全社員がざわめいたその内容は以下のとおりです。

- ☑ 親会社（当時、米国の親会社からは離れて日本の上場企業の傘下にいました）から独立し、小回りよく動ける組織への変革を目指していること
- ☑ 独立の方法は、EBO（エンプロイー・バイアウト、従業員による会社の買収）であること
- ☑ 新組織では、個人にとって生産性高い働き方に変えるため、オフィスを移転し「毎日出社しないワークスタイル」に変更す

ること

「独立？」「私たちが出資？」「出社しない？」

ほとんどの参加者にとって寝耳に水でしたが、前例にとらわれない選択はむしろシックス・アパートらしいなと、前向きに捉える人が多かったように覚えています。

従業員が株式を買い取り独立する「EBO」

経営陣が親会社から株式・経営権を買い取って独立するMBO（マネジメント・バイアウト）に対し、EBO（エンプロイー・バイアウト）は、企業の従業員が株式を取得し、企業や事業部門などを買収する取引のことです。

経営陣だけでなく従業員も株式の購入に参加することにした理由は、従業員が会社のコアであり財産だからです。シックス・アパートの従業員は、自分たちが日本のインターネットの一部を支えているという自負と責任を持っています。そのことが、経営陣からのオファーを受けて、従業員の大半が株式の買い取りに参加するという結果につながりました。

2016年6月30日、シックス・アパート株式会社の経営陣と従業員によって設立された持株会社が、当時の親会社よりシックス・アパートの全株式を取得しました。これによって、シックス・アパートは従業員の会社になったのでした。

Chapter 2

時間の使い方

12

016／105

起きてから仕事開始までの流れを決めておく

いつ仕事を開始しても、中断しても、終了してもいい。時間の使い方を自分で決められるのもリモートワークの良さです。

ただし、自分で決められるということは、全部自分で決めなければいけないということでもあります。

毎朝、今日は何時にスタートしてどこで何から手を付けるか考えてから動くのは時間もかかるし、希少な決断力の無駄遣いです。
「朝の基本パターン」を作って、目覚めてからデスクに向かって仕事開始するまでの動きを、自動運転モードにしてしまいましょう。

イメージするのは、YouTubeでたくさん公開されている「モーニングルーティン」。いろんなライフスタイルの人が、朝起きてから出かけるまでに行う習慣をおしゃれなビデオブログにして公開していますよね。自分ならどんなモーニングルーティンで動きますか。

小学生の娘がいる私の事例を紹介します。

自分の準備だけすればいい、お出かけの予定のない日

朝7時過ぎ、ベッドから出て、カーテンと窓を開けて日の光を浴びて外の空気を吸います。明るいところに出て新鮮な空気に触れないと、目が開かないのです。朝の光を浴びることは、体内時計をリセットするためにも大事なのだそうです。ついでに他の部屋の窓も開けて部屋の空気を入れ換えます。

顔を洗って身支度です。寒い季節はホットタオルで顔蒸し、暑い季節は冷たい水で顔を洗う、温冷の刺激の力も使ってなんとか目を覚まします。歯を磨いて、鏡を見て髪を梳かし、日焼け止めを塗って眉毛だけ描いて、季節に合った着心地の良い服に着替えます。電気ポットでお湯を沸かし始め、冷蔵庫のヤクルトを一本くいっと飲み干し、簡単な朝ご飯を食べ、お茶を飲んで徐々に自分のエンジンをかけていきます。

食べ終わったらデスクに向かい、PCメガネをかけて、耳にはノイズキャンセリングイヤホンをつけて、パソコンを立ち上げて業務開始ボタンを押します。まずはチャットとメールのチェックから、その日の仕事が始まります。

というのが、理想の一日の始まりです。これは自分のことだけやればいい、のんびりした日の朝の流れですが、子どもの学校がある普段の毎日はこんな余裕はありません。もっとバタバタです。

小学生の子どもの朝の支度がある日

子どもが家を出るのが8時。そこから逆算して予定を組み立

てていきます。

朝6時半スマートスピーカーのけたたましいアラームに「OK, Google あと5分!!」とキレ返し、数度の二度寝の後になんとか布団から抜け出して窓を開けて空気を入れ換え、簡単に身支度。

7時5分になったら、子どもの布団をバンバン叩いて起こします。「顔洗って！　体温を測って！　着替えて！　朝ご飯食べて！　歯磨いて！　髪の毛結ぶよ、こっち座って!!」と、一連の流れを大忙しでバタバタ進めます。

朝ご飯を食べている時間は、家族とその日の予定を共有。家族それぞれの本日の出かける予定や帰ってくる時間、塾や習い事のお迎えや買い出しの担当などを確認し合います。今日の持ち物を確認させて、ハンカチ・ティッシュを持たせたら、8時に家を出て角を曲がるまで登校の様子を見守ります。

と、一口に言いますが、いろんな事情で学校に行きたがらない日も、学校ではなく病院に連れて行く日もあって、毎日何かしらでバタバタしています。

元気に学校に行く後ろ姿を見守れた日は、扉を閉めて、自分の身支度を整えて、ゆっくりお茶を飲んで一息ついて、8時30分頃には仕事に取りかかります。子どもが学校に行っている間の、静かな家は作業が捗ります。

外出予定のある日

リモートが当たり前の毎日になると、出社など外出の予定がある日はかなりの気合いが必要です。自宅で働く日より、身支度の時間がかかるので、それを見越して早めに起きる。前日の夜に翌日の予定を確認して心の準備と身支度の準備と持ち物一式を用意しておくと、当日の朝も多少は気楽に準備できます。

9時半にオフィスに出社するとなると家を出るのは8時半。なので、子どもが家を出た8時頃から自分の支度を大急ぎでして家を出る慌ただしい朝になります。

そのため、可能な限り、仕事の予定は朝一の出社でなくても間に合うようなスケジュールにしています。オフィスでの会議や他社訪問の最初の予定を10時以降にできれば、少しだけ余裕が作れます。

017 / 105

早めに仕事を開始しよう

毎日オフィスに出社していた時代は、業務開始時間は9時半でした。フレックス勤務を活かしてちょっと遅めに出社して10時を過ぎることも多々。

そうなると、ランチタイムの休憩まで2時間しかありません。出社してすぐメールを確認していくつか返事をして、その他の頼まれごとや急ぎの仕事を片付けていたら、あっという間にお昼に。重めの仕事は午後に回すことになりがちでした。

しかし、リモートワークになると、朝の身支度も簡単になるし、家で働くなら移動の時間もいりません。

仕事開始までの所要時間が大きく減ったので、シックス・アパート社員の仕事開始時間もリモートワークが始まって前倒しになりました。8時台にはチャットにメッセージが流れ始めるのが日常です。おかげで、以前ならやっとオフィスのデスクについて一息ついていた9時半には、すでにトップギアに入ったスピードで仕事できています。

8時半に仕事を始めていたら、12時のランチタイム休憩までたっぷり3.5時間あります。頭が冴えてやる気ゲージが比較的多い午前中に、まとまった時間が必要な重めの仕事に手を付けられるのもリモートワークの良い点です。

仕事始めますの報告は必要？

リモートワーク当初から、シックス・アパートでは始業の挨拶についてのルールを定めていませんでした。そうすると当初は、毎朝出社していたときの習慣でビジネスチャットのチームチャンネルに「おはようございます、今から仕事開始します」「ちょっと遅くなりました、そろそろ始めます」といったメッセージがちらほら見られました。ですが、いつの間にか挨拶する人がいなくなりました。

チームごとに毎朝10時台にチャット上でオンライン朝礼があるので、いつの間にか、朝礼のタイミングでタスク報告や今日の一言を述べる雰囲気になっていました。その段階でほとんどの社員が何かしら一言発信するので、それが朝の挨拶代わりに落ち着きました。

おはようチャンネルを設ける

ビジネスチャットに「おはようチャンネル」を設けている会社もあります。そのチャンネルは「おはよう〜、今日は天気良いねえ」、「今日は久しぶりに出社します」といった朝の挨拶だけを書く場所です。

言葉を交わし合うことで人間関係の潤滑油になるのが、挨拶です。とはいえ、業務のやりとりが飛び交うチームチャンネルの中で、「おはよう」だけの内容のない投稿は過去のやりとりを辿る際のノイズになります。気楽に「おはよう」だけを言えるチャンネルを用意するのは良いアイデアだと思います。

018 ／105

今日やるべき仕事を進めるために朝やること

上司や同僚の目がない場所でも、一人でもくもくと仕事を進められるのがプロのリモートワーカーです。**そのためには、自分が自分のマネージャーになる意識が大事です。**

「私は大丈夫！　一人でコツコツ進めるのが得意です」という方は問題ありませんが、みんながみんなそうではないですよね。

際限なくサボり続けてしまわないか。毎日やるべき仕事をコツコツ進められるのか。思うように成果が出ずに評価が下がってしまうのではないか。そんな不安な気持ちもわかります。

朝の始業タイムに、エンジンをかけるためのヒントをご紹介します。

朝イチは、昨日のやりかけの仕事をやる

「さて今日は何からやろうかな」と考えながら、とりあえずメールを開いて今読まなくてよいメルマガを読みふけってしまう、SNSを見に行って1時間経っている、といったことはよくあることです。まだエンジンがかかっていない朝一の仕事は、前日のやりかけの仕事がいいでしょう。あえて前日に中途半端に残しておくくらいでいいと思います。

たとえば、一通り書き終えたけど、まだ提出していない企画

書。リフレッシュした頭で再度チェックしてから提出するのを、朝一の仕事にしておけば、とにかく手は動きます。手が動き始めればだんだんと頭も動いてきて、その日のタスクに取りかかりやすくなります。

その日にやるべき仕事を書き出す

タスクリストを作りましょう。今日中に必ずやるべきこと、明日になってもかまわないもの、今週中にやるべきもの、誰かからの連絡待ちになっているものを頭の中に留めておかずに書き出します。

次に、プロジェクトの最新状況がクラウド業務ツールやビジネスチャットに集約されているのであれば、それをチェックします。他のメンバーのアップデートを受けて、今日自分がやるべきタスクが増えたならば、手元のタスクリストに追加します。

チームに宣言する

会社でリモート朝礼があるならば、そこでタスクリストにまとめた本日やるべきことを宣言しましょう。リモート朝礼がないのであれば、ビジネスチャットのチームチャンネルに自発的に書いてもいいし、上司やメンターに個別に連絡するのでもいいでしょう。

自分の心の中で決めただけの締め切りの曖昧な約束を守り続けるのは、よほど心の強い人でないと難しいもの。手持ちのタスクの作業時間を見積もり、短いスパンで締め切りを設定する。かつそれを宣言することで、やらねばという適度なプレッシャーがかけられます。

019 / 105

自分なりに集中できる方法の見つけ方

締め切りが明確な仕事でさえも、なんだか気分が乗らず手が動かないときもありますよね。「テレビにゲームにベッドと誘惑が多く、誰の目もない一人の家で、果たしてこの仕事を終わらせられるのか!?　ピンチ！」ということもあるでしょう。

学生時代を思い出してください。学校の宿題や課題は、自宅のデスクで一人やっていましたよね。もしかしたら、学校や塾の自習室、図書館の方が集中できた人もいるかもしれません。

リモートワークならば、自分を集中状態に持っていくためのいろんな「技」が使えます。学生時代と比べて、その技を使うのに必要な予算も十分にあるはず。作業に集中できる、自分に合った環境作りや切り替えスイッチを見つけましょう。

音

オフィスでは、イヤホンをつけて自分の世界に入るのが難しかった方もいるかもしれません。家でならイヤホンはもちろん、ご近所の迷惑にならない音量ならばスピーカーで音楽を流してもOKです。

好きなアーティストの楽曲をかけてもいいし、自分が最も集中できるBGMを探してみるのもいいと思います。YouTubeで「集中　BGM」で探すと、大量にアンビエントな楽曲が出てきます。静かな波音や、野鳥のさえずりなど自然の環境音も良さそうです。

radikoを使って、BGMとしてずっとラジオをつけている人もいます。いつも聴くラジオ局が決まっていれば、番組やコーナーが変わるタイミングが時間の目安にもなります。

手を動かせば終わるいつものルーティーン作業のときは、ラジオの話に耳を傾けながらの作業がちょうどよい気分転換になりそうです。

無音派もいるでしょう。イヤホンで耳を塞ぐことが、集中モードに入るスイッチになります。ノイズキャンセリングイヤホンがあれば、エアコンのノイズや窓の外から聞こえる喧噪を和らげて、集中しやすい静寂を作ってくれます。

香り

香りも気分を切り替え、集中力を高めるキーアイテムになります。お気に入りのアロマをデスク周りにうっすらと香らせておくために、コットンやアロマストーンに1～2滴垂らして置いておくのがおすすめです。

香りに包まれたいときは、そのコットンをゼムクリップでうちわに留めて、バタバタ扇ぎます。見た目はイマイチですが、目をつぶって、香を焚きしめた扇子と思えば問題ありません。

私は無印良品の「じっくり（THINKING TIME）」というアロマを集中力アップアイテムとして使っています。

空気が淀んでいるなと感じたら換気に加えて、ルームスプレーをシュッと吹いて空気をリフレッシュさせるのも良いでしょう。

メンソール系の香りは眠気覚ましにも活用できます。ハッカ油スプレーや、リップスティックのような形をしたタイの嗅ぎ薬ヤードム（ノーズミント）、香港や台湾で買える白花油もオススメです。

1時間ごとに動く

ずっと同じ姿勢でいると腰痛の元になるし、何より疲れます。ずっと座っていて体が固まったなと思ったらいったん立ち上がって動いてみましょう。

- ☑ その場で3回だけスクワット
- ☑ 腕や肩を回すストレッチ
- ☑ 1フレーズだけ全力ダンス
- ☑ 洗濯物を取り込むとかちょっとした家事
- ☑ 手や顔を洗ってさっぱりする
- ☑ 丁寧にコーヒーを入れる
- ☑ ダイニングに移動して家族と雑談する
- ☑ 近所のコンビニまで散歩する

30分程度の休憩が取れそうならば、いっそ外を軽くランニングしてくるとか、本気で筋トレするなど全力で運動して、シャワーを浴びると、頭も体もすっきりさっぱりします。

インスピレーションを与えてくれるアイテムを探す

インスピレーションが湧いてこないときは、作りたいものの参考資料を探して、ヒントやアイデアをいっぱい拾うインプットの時間を取るのもよいでしょう。

ただし、インプット系の仕事は時間泥棒になりがちなので、残り時間を確認できるタイマーをセットするといいと思います。30分と決めてインプット作業を開始。残り時間を確認しながら、あと5分以内に糸口を探す！　もしくは次のアクションを決める！　と覚悟を決めるのをオススメします。

出かける

一人で試行錯誤しているだけではダメだと思ったら、出かけましょう。見える景色を変えれば得られるものも変わります。

- ☑ ネットで調べるだけではなく、本屋や図書館などに実際に足を運び参考資料を手に取って読んでみる
- ☑ コワーキングスペースで、めいめい自分の作業に没頭している姿を見て刺激を受ける
- ☑ 歩く、電車やバスに乗るなど、移動しながら考える
- ☑ カフェでおいしいコーヒーを飲んで一息ついて、ぼんやりしてから考える

単なる逃避にしないために

あれこれ試すことが単なる逃避にならぬよう、試す方法と期

限は最初に決めておきましょう。この仕事の進まなさは集中力の問題ではないな、と思ったら同僚や上司やメディカルカウンセラーやコーチや、適切な相手に相談するのがよいでしょう。

いろいろ試して、自分なりに集中力を高める方法をいくつか持っておくと良いですね。

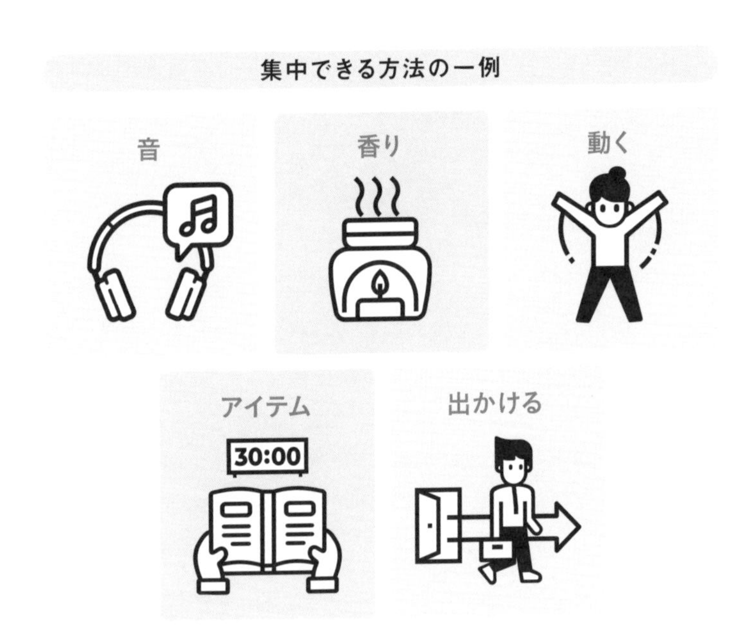

020／105

全くやる気が起きないときにできること

宛先だけ書く

「あーもう今日はやる気が出ない！」というときは、頭を使わずすぐに手が動かせるような何かの作業のはじめの一歩だけやるのはどうでしょう。

たとえば、メールソフトを立ち上げて取引先に送る予定のメールの宛先だけ書いてみる。ついでに「○○様　平素は大変お世話になっております」と決まり文句だけ書いてみる。中身は今すぐ書けることだけ書く。

すぐ手が動くことを一つひとつやっていくと、いつの間にかある程度の形になってくるし、その過程でエンジンもかかってきます。全く進まないよりは、だらだらでも少しは進めた方がマシです。

場所を変える

いつもと違う場所で気分を変えてみるのも有効です。家の中で場所を変えてみるのもよいですし、カフェやコワーキングスペースなど有料の場所もよいでしょう。せっかくお金を払ってこの場所を確保したのだから、作業を進めるぞという気持ちになれます。また周りの人も働いている、または勉強している環境であれば、その姿に触発されて自分も何かしらがんばらないとなという気持ちになれます。

誰かと一緒に仕事をする

同僚を誘ってオフィスに行き、一緒に作業や雑談することから、何らかのヒントが見えてくるかもしれません。上司を誘い、途中経過を見せながら、進め方について相談するのもよいでしょう。

一緒に集まって働くメンバーは同じ会社の人でなくてもかまいません。ソフトウェアエンジニアのコミュニティでは、同じプログラミング言語を使うメンバーがパソコン持参でコワーキングスペースに集まり、参加者それぞれが自分の作業を集中して行う「もくもく会」という取り組みがあります。

作業に行き詰まったら、雑談がてら誰かと技術談義をするのも良い気分転換になるし、他社のエンジニアの活動を見て刺激を受けることもあるでしょう。

021／105

タイマーを使おう

タイマーをかけて、タイムアタックにしよう

タスクリストもできた、チームに宣言もした、働きやすい場所にいる、後は手を動かすだけなのに手が動かず、仕事と関係ない SNS に逃避してしまう——。

そういうときは、タイマーをかけるのがオススメです。残り25分のカウントダウンのタイマーをかけて、「この間にこのタスクだけに集中して、ここまで終わらせる！」と決めます。

別のタスクを思いついたときや、後で対応すればよいメッセージがチャットで届いたときには、とりあえず手元のメモに書いておいて作業に戻る。25分経ってタイマーが鳴ったとき、あと5分以内で完成できるならその勢いで最後までやる。まだまだ途中であれば、キリの悪いところでもバツッと中断する。そして、5分休憩します。

5分の休憩中は、好きなウェブ記事を読んだり、SNS をチェックしたりと息抜きの時間。休憩が終わったら、また25分のタイマーをかける、の繰り返しです。この25分作業&5分休憩を4セットやったら、少し長めの休憩タイム（15～30分）

を設ける。
この時間管理術を**「ポモドーロテクニック」**と言います。このテクニックを発明したイタリアのコンサルタント、フランチェスコ・シリロさんがトマト型のキッチンタイマーを使って時間を計ったのが名前の由来だそう。トマトはイタリア語で「Pomodoro」なのです。

この25分は、長すぎず短すぎず集中力が保てる絶妙な時間です。**そして、この25分をタイムアタックだと思うのもコツです。**制限時間内にタスクを終わらせるゲームだと思うのです。たとえば、1セットの間にニュース記事を一つ書くと決める。残り時間を見ながら、「あと5分だからそろそろまとめなきゃ！」と、お尻に火がついて、時間内に、もしくは時間を多少はみ出しても、なんとか形にできるのです。

私は、集中してタスクをこなせるこの25分間を1日のうちに何セット作れるかを、1日の生産性の指標にしています。
会議や、チャットなどで緊急で差し込まれる仕事も多いため、業務時間の半分から7割程度しか集中時間は作れません。だから、「今日はタスクを集中的に進める日！」と決めた日も、25分の集中タイムを10セットこなせれば満足と決めています。形にならない段階の作業を一人で進めて心が折れそうなときも、このタイマー集中時間をこなしていれば、自分はちゃんとやっていると思え、気持ちの支えにもなっています。
ライフハックとして有名なポモドーロテクニックの活用については、さまざまな書籍やウェブ記事でも情報が載っています。

25分の集中タイムと5分の休憩はあくまでもひとつのパターンです。ぜひ自分に合った時間設定などを考えてみてください。

ポモドーロテクニック

ポモドーロテクニック

「25分集中→5分休憩」

のサイクルで仕事や勉強を行うこと

これを4セットやったら、少し長めで休憩

022 / 105

休憩の時間を決めよう

休憩タイムもルーティーンを作ろう

決断力は稀少な資源。「あーそろそろ、休憩したいな。でも、8時に仕事始めてまだ9時なのに休むのは気が引けるな」のように、休むべきか休まざるべきかを常に決断するのはしんどいものです。**「10時と15時にそれぞれ30分ずつ休憩タイム」などと、時間を決めてしまうのもいいと思います。**

休憩タイムにやること

▶席を立とう

休憩タイムには席を立ちましょう。同じ姿勢で固まった体を少しストレッチしてほぐしてみる、音楽かけてダンスしてみる、簡単な家事をやるのにもちょうどいいタイミングです。

▶雑談しよう

会社のビジネスチャットや、コミュニティのグループページや、SNSを覗いて、雑談に乗ってみるのもいいでしょう。新しい情報は人からやってくるものです。

タイマーをかけて、ベッドに倒れ込んでもいい

リフレッシュのために行う15〜30分ほどの短い仮眠をパワーナップと言います。デスクに突っ伏して休むのと、ベッドで横になるのとは、同じ15分でも回復できるエネルギーが違います。時間になったらちゃんと帰ってくる強い決意を持って、ベッドに向かいましょう。

私がよくやっている方法は、ベッドに倒れ込んで「OK Google、15分後にアラーム」とスマートスピーカーにお願いしてタイマーをかけ、15分目をつぶります。このときスマホを持ち込むと、あっという間に長時間経過してしまうので決して持ち込みません。

パワーナップは、いわば脳のキャッシュクリアです。集中力のいる作業の前に行っています。

ベッドに倒れたら戻ってこられる自信がないという人は、フラットになれるゲーミングチェアに倒れ込むのもありです。

ゲーミングチェア派の人に聞くと、そのままダーンと体を預けて楽な姿勢になれてよいそうです。

023 / 105

早めに仕事を終わろう

「朝から根詰めて作業して、気づいたときには外は真っ暗。あれ？　もう８時過ぎてる？」

そんなことも起こりがちなのがリモートワークです。サボりすぎて仕事が進まないことも問題ですが、集中しすぎて仕事しすぎるのも問題です。

時間も忘れて仕事に取り組む、エネルギーが切れてばったりベッドに倒れる、翌朝起きられず遅いスタートになる、だんだんと生活時間も仕事時間もずれていく、生活リズムが崩れ、体調を崩す頻度が増える、本格的に体調を崩して数日お休み。このようなワークスタイルはよろしくありません。

人間は気候や体調のリズムや周りの環境などに影響され、常に快調ではいられません。でも可能な限り、毎日安定してほぼ同じパフォーマンスで仕事を続けられるのが理想です。そのために**仕事を終わりにする時間を決めておくのを強く推奨します**。

仕事を終わる時間を決めておく

リモートワークでも始業時間と就業時間が会社に決められて

いるのであれば、そのルールに従えばいいので簡単です。裁量労働制などでタイムマネジメントが個人に任されているリモートワーカーも多いでしょう。

個人の裁量で、いつでも仕事を始められるし、いつでも終われる。ということは、自分で決めて動かないといつまで経っても始められないし、「ここで終わり！」と決めないと終われないのです。

毎日の始業と終業時刻について次の項目に例を書きましたので参考にしてください。

024／105

リモートワーカーのタイムスケジュール例

仕事開始時間も、休憩時間も、終了時間も、毎日考えなくてすむように、基本のタイムスケジュールを作っておくとよいでしょう。リモートワークに慣れてくると自分の仕事パターンができてくるものです。

業務時間は9時～18時、途中15時頃に家事休憩を取るパターン

8時　起床　朝のニュースをスマートスピーカーで流しつつ、身支度して朝食
9時　業務開始
12時　昼食
13時　午後の仕事開始
15時　休憩　気分転換に洗濯機を回すなどちょっとした家事
18時　業務終了　夕食の仕込みなど家事をしつつ、19時くらいまではビジネスチャットも確認、何もなければ仕事終了

9時前後に仕事を開始して、18時前後に終わる。いわゆる普通の会社員と同じようなスケジュールで働く人も多いです。

このスケジュールを基本として、日中に用事があって1～2

時間抜けたときには、夕ご飯の後に１～２時間働く。またはその週の他の日に少しずつ長めに働いて辻褄を合わせるなど、柔軟に対応しています。

朝の仕事時間を長めに確保し、午前の途中に休憩を入れるパターン

5時過ぎ　起床　身支度や家事、ドラマを見るなど自分の時間を過ごす

7時　業務開始　午前の仕事　第一部

10時　朝食

10時半　午前の仕事　第二部

12時　昼食

13時　午後の仕事開始　休憩時間は決めず、仕事の区切りの良いときに取る

17～18時頃　業務終了

朝７時台から働いている人のパターンです。午前中が長いのと、朝ご飯を遅めに食べたいので、10時を休憩タイムにしているそうです。

毎日1時間の運動時間を朝に組み込むパターン

6時過ぎ　起床

7時　ジョギング

8時　朝ドラを見ながら朝食

8時半過ぎ　業務開始　午前中のどこかで30分自主トレタイム

を確保
13時　昼食
14時　午後の仕事　午後もどこかで30分自主トレタイム
18時　仕事終了

必ず毎日１時間体を動かすと決めている人のパターンです。夏場は、業務終了後にジョギングしてシャワーを浴び、乾杯するのが最高なのだとか。

小学生の子どもの予定に合わせながら働くパターン

7時　起床　自分の身支度と小学生の子どもの朝の準備
8時半　業務開始　登校を見守ったら朝の仕事開始
12時　昼食　録画したドラマやNetflixを見ながら昼食
13時　午後の仕事開始
15時半　休憩　子どもが学校から帰ってくるので仕事の手を止めて、様子を見たり、話を聞いたりする時間
16時半　カフェワークタイム　子どもを塾や習い事に送り、終わるまで近くのカフェで仕事
18時半　仕事終了　子どもをお迎えに行って帰宅

子どもの予定に合わせながら働く日のスケジュールです。子どもが学校にいる午前中と、塾待ちのカフェでの２時間が最も集中できる時間です。

リモートワーカーのタイムスケジュール

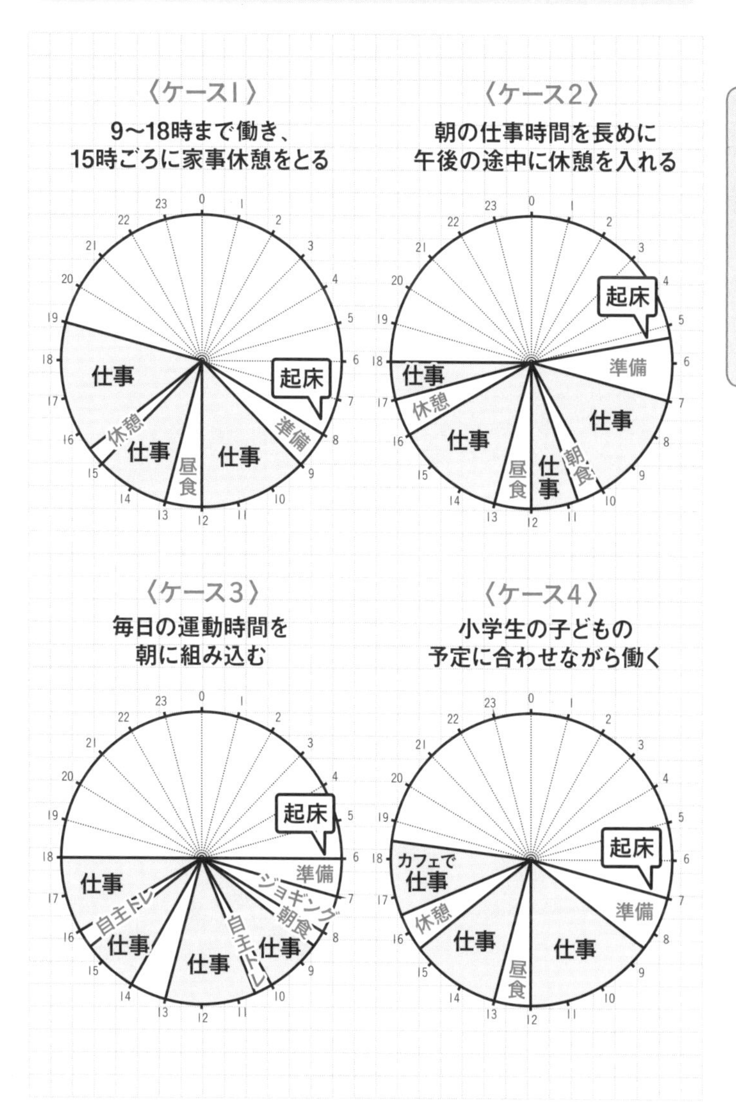

025 ／ 105

残業時間を無限に増やさないためにできること

複数のプロジェクトの締め切りが重なったり、緊急事態やトラブルで差し込み仕事が入ったりと仕事量が増えることもあるでしょう。本当に忙しい時期、ある程度残業して対応することは社会人ならあるものです。

重要なのは、長時間労働を常態化させないことです。そのためには、**長時間労働が必要な時期がいつまでなのか、終わりを明確にしましょう。**

自分に対しても、上司に対しても、家族に対しても「このプロジェクトの締め切りの再来週までは、勤務時間増えます！」と宣言する。ゴールが見えている長時間労働ならば頑張れます。

そして、締め切りが終わったら、ちゃんとリフレッシュ休暇を取りましょう。

もしも定常的に仕事量が多く、常に残業しなきゃいけない、常に土日の時間を使わないと仕事が終わらない、という状況であれば、タスクの洗い出しと仕分けを行い、改善すべきです。

まずはどの仕事にどれだけ時間を使っているのか、計測しましょう。さらに、その中でも一番時間を使っている仕事に関しては、ドリルダウンしてタスクごとにかかる時間を計測します。

たとえば、毎月２回開催しているセミナーイベント準備のために、以下の時間がかかっているとします。

- ☑イベントテーマとタイトル案作成、会議での決定　3時間
- ☑講師の依頼とコミュニケーション　5時間
- ☑告知ページの作成　3時間
- ☑集客　3時間
- ☑参加申込者とのコミュニケーション　3時間
- ☑イベント当日の対応　3時間
- ☑イベント参加者へのフォローアップ　2時間

この例では講師の依頼とコミュニケーションに最も時間がかかっているようなので、登壇してもらう講師の数を減らす、または発表部分は前回のオンラインイベントの録画を再利用し質疑応答だけ講師に協力してもらう、そもそもセミナーの開催回数を見直すなど、タスクを省力化するアイデアが出てくるかもしれません。

他にも、社内外の誰かに任せた方が早いもの、システムで効率化できる可能性なども見えてくるでしょう。

加えて、上司とも相談しましょう。プロジェクトやタスクごとにかかっている時間が整理できていれば、話が早いはず。時間がかかっている業務は何か、実行する価値が低いタスクをやっていないか、本人に適していないアサインになっていないかを一緒に考えてもらうとよいと思います。

026 / 105

ONとOFFの切り替えについて

オフのときに仕事を完全に忘れられなくてもいい

仕事中にちょっとした家事ができるように、就業時間後や土日であっても簡単な仕事やその準備をするくらいのことはやってもいいと思います。

「あのデータ、念のためバックアップ取っておこうと思っていたんだった」といった1分で終わる仕事を思い出したなら、すぐ手を付けてしまってもいいし、月曜のタスクリストに書いておいてもよいと思います。

この場所では仕事をしない、と決める

家にいると、デスクや仕事道具が目について、リラックスしたい場所なのに気持ちが休まらない人もいるかもしれません。

家の中のどこでもノートパソコンを開けばそこが仕事場になってしまうのがリモートワークの良いところでもあり、悪いところでもあります。**そのせいで切り替えがうまくいかないならば「ここでは絶対仕事しない！」という聖域を決めるのもいいと思います。**

たとえば「寝室では仕事しない」と決める。そうすると仕事

中の休憩タイムも、デスクでネットサーフィンして過ごすのではなく、なるべく寝室に移動してベッドに５分だけ寝転がったり、ソファでお茶を飲んだりして、仕事から物理的に離れることで、切り替えやすくなります。

一日の最後に自分をねぎらう

就業時間後のプライベートタイムは夕食や家事やお風呂やエンタメの時間などやることがあって、仕事のことを忘れていられる。だけど、ベッドに入った瞬間に「ああ、今日も仕事を少ししか進められなかった。明日が不安」と思い出して、気に病んでしまうこともあるかもしれません。

私がシックス・アパートのメディカルカウンセラーの先生の教えで毎日守っていることがあります。それは寝る前に、その日一日がんばった自分をねぎらうことです。

布団に入ったらもう、その日にできなかったことを思い悩まない。時間も体力もさまざまなリソースも限りがある中で、その日の仕事に向き合ったのです。

働いている姿は誰も見てくれてないからこそ、自分で自分に「いろいろな制約がある中、今日の自分なりにできることを誠実に頑張りました」とねぎらう。

このように自分で自分を大切にすることも、自律性が求められるリモートワーカーにとって重要なスキルの一つだと思います。同じように在宅勤務で働く同僚にも、意識してねぎらいの声をかけると良いと思います。

027 / 105

サボってもいい

サボってもいい

オフィスにいるときも、8時間ずっと集中していたわけではなく、適度に息抜きしながら仕事していたと思います。

同僚とお茶を飲みながら雑談する時間、情報収集のために記事をチェックしていたはずがいつの間にかSNSを見ていた時間、コンビニに行くついでに遠回りして散歩していた時間、画面に表示している業務資料をにらみつけているふりをしながら頭は昨日の推しのライブを反芻して上の空だった時間。こういった仕事が進んでいない時間もたくさんあるでしょう。

「オフィスにいてもサボってる時間はあった。でも、リモートワークだと見られていない分、サボっていると今仕事してないなっていう罪悪感が余計につのるんだよね……」

わかります。**でもサボってもいいと思います。どんな環境であれ、ノンストップで手と頭を働かせ続けられるわけがありません。みんなほどよく休みながら、やるべきことをそれなりにこなしながら仕事をしています。**

適度にサボることに罪悪感を持つ必要はありません。

長めに席を離れるときは連絡する

長時間仕事から離れる場合には、ちゃんとチームに連絡しておきましょう。罪悪感が減り、堂々とサボれます。

シックス・アパートでもリモートワーク開始当初は、みんな張り切って「スーパーに買い出し行くので、30分ほど席外します」といった連絡が飛び交っていたこともありました。その後、いつの間にか30分程度の離席ならば、いちいち連絡しなくなりました。私用で短時間離席するのは毎日のことなので、互いに気にしなくなったからです。

その代わり、少し長め、たとえば2時間ほど私用で連絡が取れないときは、ビジネスチャットのチームのチャンネルに「16時まで離席します。何かあればチャットに書いておいていただければ、戻ってきたときに対応します。緊急事態は電話ください」とお知らせをしておくようになりました。

こう宣言しておけば、16時までは仕事の連絡から離れていても罪悪感はありません。

業務時間が厳密に定められている場合

業務開始・終了時間が定められており、その時間しか作業できないというルールで働いている人もいるでしょう。その場合は、その時間制限が適度なプレッシャーとなって、日中に仕事を進めようという後押しになるのではないでしょうか。

個人の裁量である程度時間を自由に使える仕事であっても、

多くの人はリモートワークを続けていく中で自分なりの業務時間のパターンができます。業務時間が、会社ルールや業務都合で決まるか、自分で決められるかの違いだけです。

オンとオフの時間を明確に分けることで、業務終了後の時間は完全に個人の時間を作れます。業務時間中は適度に休憩を入れつつ働き、オフの時間は自分の時間と、きっちり切り替えましょう。

デスクにいるかを記録されている場合

勤務時間管理や着席状況確認などの目的で、業務中は常にビデオや数分ごとに静止画撮影が行われていたり、操作やログイン状況をチェックされたりしていて、長時間デスクから離れにくい人もいるかもしれません。

その場合、おおっぴらにサボるのは難しいかもしれませんが、適度な休憩は許されるはず。一息入れながらやりましょう。

人の目がないと、際限なくサボってしまいそう

「家で一人で仕事しろと言われても、一日全く仕事に手を付けられないかもしれないくらい自分に自信がありません。どうしたらいいですか」という声も聞きます。

業務プロセスが可視化されていれば、全く仕事せずにサボりきることは難しいのではないでしょうか。リモートチームでは、それぞれが取り組んでいる活動の内容とその結果をこまめに報告し合うことで、チームとして足並みを揃えて働いています。

今、何に取り組んでいて、どういう状況なのか。チームの皆

が日々の進捗を報告している中、自分だけ何もせずサボっていて、報告できることが全くないのは非常に苦しいものです。

ゴールと締め切りが明確であれば、動かざるを得なくなるでしょう。今取り組んでいる仕事のゴールと締め切り設定が曖昧であるとすれば、マネジメント側の問題である可能性もあります。上司に相談し、ゴールと締め切り設定について確認してみるといいと思います。

もちろん、そんなことはわかっていて「ちゃんと仕事しようという気持ちはある。でも一人ぽつんと家にいてもちっとも捗らない」という人もいるでしょう。

みんなも働いている環境に身を置いた方が仕事がはかどるのであれば、カフェやオフィスで仕事をする、オフィスにいてリモートチームと連絡を取りながら働いてみる。

それも立派なリモートワーカーです。

COLUMN #2

SAWS（Six Apart らしい Working Style）とは

EBOでの独立により、私たちシックス・アパートはたった30名の小さな組織になりました。いわば、第二の創業期とも言えるこの時期に、変えたことの一つがオフィスのあり方と働き方です。

2016年の夏までは、120坪の広さのオフィスを構えていました。キャンプをイメージしたアウトドアな雰囲気のラウンジを挟んで、手前はセールス・総務・マーケティングチームのにぎやかなスペース、奥は電話が鳴らない静かなエンジニアスペースです。

広いデスクと高機能ワークチェアのアーロンチェアを約50席。大小いくつかの会議室。私たちにとっては自慢のオフィスでした。ですが、これから小さな組織として再出発する拠点としてはオーバースペックです。

そもそも、すべての席が埋まることなんて全くありませんでした。2011年にスタートした夏期のみ毎週水曜リモートワークの延長で、それ以外の季節、曜日もオフィスの外で働くことが増えていたからです。

コンパクトになった組織にとって、身の丈に合うサイズのオフィスへの移転は必然。どんなオフィスがシックス・アパートらしいだろうと考えたときに出てきたのが、全員分の固定席をなくし徹底的にコンパクトにしてしまおうというアイデアでした。そして赤坂見附の120坪のオフィスから、神保町の30坪程度のオフィスに移転を決めました。総務メンバーの固定席2席とフリーアドレスの10席、12席の会議室を設けた小さなオフィスです。

総務メンバー以外の社員は、オフィスで作業をする場合には空いているフリーアドレスの席を使います。社長も役員も特別扱いはせず、皆が空いている席で仕事をします。

社員の提案で、この働き方を「Six Apartらしい Working Style」の頭文字を取って「SAWS」と名付けました。単なる「リモートワーク」ではなく名前を付けたのは、無駄を省いた本質的な働き方の追求や、新しい組織での社内外とのコミュニケーション方法の模索、それらの取り組みとその成果の積極的な情報発信、それらをすべて含めた取り組みだからです。

場所を問わず働くことができるならば、どこでどんな風に働きたいか。それは、自分がどう生きたいのかにつながります。住む場所は、QOL（生活の質）の要。個人の趣味や、家族の都合などライフステージに合わせて変わっていくものです。

SAWSは、出退勤をなくして楽をするための取り組みではなくて、QOLを重視しつつも生産性高く仕事を楽しむためのものです。

集まるときは集まるし、それぞれ家やコワーキングスペースで集中すべきときは集中する。実家に帰る用事があればそこから働く。社員同士の信頼がベースにあって、便利なオンラインのツールが人々をつないでくれるから、バラバラな場所にいても私たちはシックス・アパートという一つのチームでいられます。

当たり前ですが、社員は皆固有の事情と考えを持っています。全員が幸せに働き続けられるたった一つの方法などは、ありません。だからこそ、ルールを増やして行動を制限するのではなく、最低限のルールで自由度を高めることで常に柔軟性と進化の余地を残しています。

暮らし全体が豊かになれば、仕事も豊かになるはず

シックス・アパートは、長年所属している社員が多い会社です。

2003年の創業時に20代だった社員は、今は40代。仕事だけにフルコミットできる時期は終わり、多くの人が家庭や地域の一員としても大きな役割を果たしています。親として、子として、パートナーとして、叔父・叔母として、ペットの飼い主として、地域の役員やPTAとして、友達として、そしてもちろんシックス・アパートの社員として、いろいろな顔と役割があります。

毎日多くの時間を費やす仕事において、その働く場所や時間の使い方の自由度が高まることで、自分のいろんな役割をこれまで以上に果たすことができるのです。

QOL向上のためのリモートワークというと、よく「仕事よりもプライベート優先」と勘違いされがちですが、それは違います。仕事は暮らしの一部です。暮らし全体の自由度が高まり豊かになれば、仕事へコミットできる割合も増えていくのです。

SAWSの行動指針

シックス・アパートでは、SAWSの行動指針を定めています。

【Six Apart らしい Working Style】

「信頼、性善説に基づいて、無駄を省いて、本質的な働き方をしよう」

【SAWS のルール】

- ☑ この会社で働く人は、みんな会社に貢献しようとしていると信じます
- ☑ 成果と挑戦、そして努力を評価します
- ☑ 働きやすくする努力は惜しまず、働かない人のためのルールは作りません

【Code of Conduct（行動指針）】

- ☑ 相手を尊重し、信頼しよう
- ☑ 伝えないと伝わらない、伝える努力は惜しまない
- ☑ 悩むより、行動しよう
- ☑ 思いやるより、直接聞こう
- ☑ 先入観を持たずに、聞いて話そう
- ☑ アウトプットと人格は別、相手を否定するのではなく、合理的に議論しよう
- ☑ なるべくオープンに、なるべく率直に

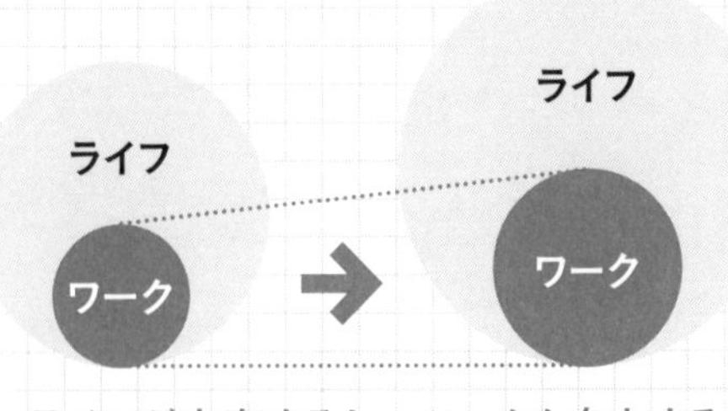

ライフが充実すると、ワークも向上する

ベースは信頼

この行動指針のベースには信頼があります。

「シックス・アパートさんは、社員がそれぞれ自発的にお金を出し合うEBOで独立できた組織なんだから、信頼し合えるでしょう」と言われます。

でもそれは逆です。「EBOで独立したから、社員同士信頼がある」ではなく、「社員同士の信頼があったから、EBOで独立できた」のです。みんなが、このメンバーで小さな組織としてリスタートし会社と製品を育てていきたいと思ったから、それぞれ可能な範囲のお金と知恵を出し合って独立できたのです。

信頼をベースにした、自由な働き方。それは、シックス・アパートにしかできないことではありません。どこの会社でも、従業員は自社のミッションのために力を合わせて仕事をする仲間です。疑うことが前提の縛るルールではなく、信頼が前提の自由度の高い、チャレンジを推奨するルール作りができるといいですね。

Chapter 3

自宅の作業環境を整える方法

15

028 ／ 105

ワークスペースを作るときに最初に考えること

家の間取りも仕事内容も体型もみんな違うように、ワークスペースもさまざまです。この章ではワークスペースについてたくさんの実例を交えてご紹介します。使えそうなポイントを取り入れ、自分にとっての快適なワークスペース作りに役立ててください。

最低限、ノートパソコンを置くテーブルさえあれば大丈夫

広いデスクに大きいモニター、機能的なワークチェア、十分なサイズの本棚を備えた個室があれば最高、と妄想に浸っていられるのはせいぜい10秒で、現実の家の中を見回すと書斎に使える個室なんて夢のまた夢、という人も多いですよね。

大丈夫です。オフィスにいたって個人で占有できる面積はデスク一つ分。カフェのテーブルにノートパソコン1台でも仕事はできます。

ダイニングテーブルにノートパソコンを置けば、そこはもうあなたのワークスペースです。

シックス・アパートで4年リモートワークをやっていても、食卓兼用のダイニングテーブルで快適に仕事している人もいます。あるものでなんとかなります。

予算はどうする？

自宅で働く際にかかる費用をまかなうため、手当を支給している企業もあります。シックス・アパートでは、毎月1.5万円のSAWS手当を支給しています。

他にも、ヤフーでは、どこでもオフィス手当（4000円）と通信補助（3000円）の合計で最大月7000円を支給。メルカリでは、勤務環境作りやオンラインコミュニケーション補助のため、半年分の手当として6万円を支給、富士通では在宅勤務のための環境整備費用補助金「スマートワーキング手当」を月5000円支給、ダイドードリンコは、テレワーク手当として月3000円を支給しています。

もし、リモートワーク中心のスタイルに切り替わっているけれど、会社から手当が支給されていないのであれば、交渉してみるのも手です。定期券代支給の廃止（通勤費は出社した日の分のみ別途精算）や、オフィスでの光熱費の減少分が原資として使えるはずです。

手当の支給が難しいのであれば、すでに持っているものを活用するか、自腹で用意することになるでしょう。幸い、自宅ワークスペース作りのための家具の選択肢が増えていますし、レンタルや中古で入手する手段もあります。

会社にデスクやイスが余っていないか聞いてみるのも、ひとつの手です。リモートワークを導入するならば、オフィスで使わなくなるデスクやイスを社員に貸し出すことも可能でしょう。

029 / 105

ワークスペースを作ろう

家の中のどこで働く？

家の中で働く場所を選ぶならどんな場所が良いでしょう。

厚生労働省の「情報機器作業における労働衛生管理のためのガイドライン」を参考にしつつ考えてみましょう。

▶部屋　$10m^3$以上の空間

$10m^3$とは、一般家庭の天井の高さを2.4mとすると、床面積で2m四方。**デスクなどの家具を除いて約2畳の部屋ほどの空間です。**居室の片隅で仕事をするならば、問題なさそうです。

ただし、息が詰まりそうなほど狭い密室、たとえばウォークインクローゼットなどに長時間こもって作業するのは控えた方がよいでしょう。

▶窓

換気の意味でも明るさの意味でも、窓がある部屋に作業スペースを設けるのがよいでしょう。特に自然光が入ってくる部屋にデスクを置くのがオススメです。部屋全体も明るくなりますし、気分転換に窓の外を見て目を休ませることもできます。

自宅のリモートワーク環境について

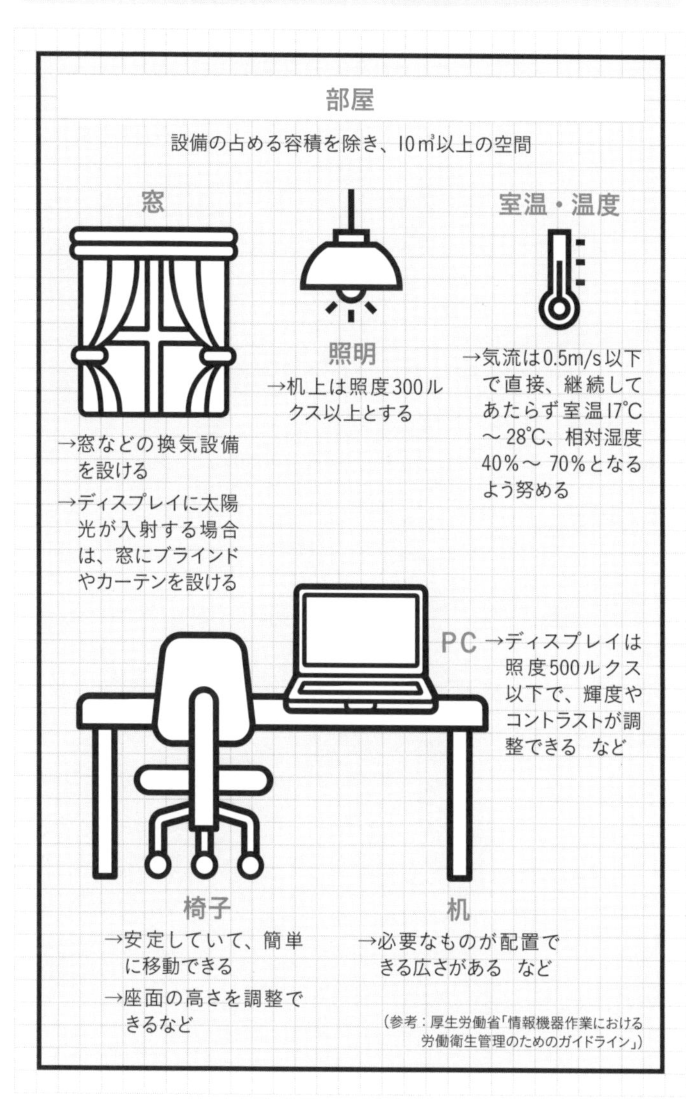

デスクの位置によっては、ディスプレイに直射日光が反射するかもしれません。日焼けの心配もあります。窓にUVカット効果のあるシートを貼る、あるいは薄いカーテンなどで調整してみてください。

▶机上とディスプレイの明るさ

ガイドラインには「ディスプレイ画面の明るさ、書類及びキーボード面における明るさと周辺の明るさの差はなるべく小さくすること」とあります。目安としてはディスプレイ上の文字も、デスクの上に置いた紙に印刷された文字も同じく明るくはっきり見えるように意識するのがよいでしょう。

画面の明るさについてはディスプレイの設定で明るすぎないように設定。デスク上の明るさについては蛍光灯の明るさで足りない、または位置的に影ができるようであればデスクライトを併用しましょう。

▶室温は17℃〜28℃／湿度40％〜70％

温湿度計を見つつ、エアコンや加湿器で調整してみてください。

▶パソコン　キーボードとディスプレイは分離して位置を調整

ノートパソコンユーザーであっても、もし余裕があれば、ディスプレイ、キーボード＆マウスのどちらかだけでも外付けにすることで、位置の調整がやりやすくなります。

自宅のスペースには限りがある。ペーパーレスを進めよう

個人宅に大量の書類を保管するのは、スペースの面でもセキュリティの面でも望ましくありません。**リモート環境で発生する書類は、用事が終わったら破棄する、デジタル化して保存する、オフィスに持っていきファイリングするのがよいでしょう。**

営業やマーケティングの担当であれば、製品資料やカタログ、パンフレット、ノベルティ、サンプル製品といった紙やアイテムを自宅保管しているかもしれません。これらが無限に増えないように、専用の箱を決めてその容量を超えないようにするとよいでしょう。

030 / 105

ワークデスクをどのように選ぶか

すでにある家具をデスク代わりにする

家にちょうどよいデスクがない場合、まずは家を見回してみてください。ダイニングテーブル、キッチンのカウンター、ちゃぶ台、押し入れなど、ノートパソコンを置くスペースを作れそうな場所はありませんか？　**その場所を片付けて機材を置いたら、そこがあなたのワークスペースです。**食卓やドレッサーと兼用して、スペースを節約することもできます。

シックス・アパート社員も、ダイニングテーブルで仕事をしている人も、寝室の隅に置いた折りたたみデスクで働いている人もいます。折りたたみデスクならば移動もしやすくて便利です。

ワークデスクを用意する

「モニターを複数置きたいし、書類も広げたいし、仕事専用のデスクがほしい」
「家族もいるし、ダイニングテーブル占有は無理」

ならばワークデスクを買いましょう。置きたい場所に置ける範囲でなるべく広い天板で、体型に合う高さ、がたつきがなく、必要ならば引き出しなどの収納もあり、好みの色合いであれば、好きなものを選べばよいと思います。

コンパクトなものから、折りたたみ型、L字形の広いデスクまで、選択肢はたくさんあるので、家具屋さんで検討してみてください。

ジャストサイズがないならば、希望の広さで好みの素材の天板とちょうどいい高さになる足を買って組み合わせ、自分仕様のデスクを作ることも可能です。足代わりにちょうどよい高さのキャビネットを2台使って、その上に天板を置けばデスクになります。収納も増えて使いやすいです。

他にもニトリやIKEAをはじめとして多くの家具メーカーで組み合わせデスクを取り扱っています。

気分転換やオンライン会議に使えるサブワークスペース

せっかく家で働けるのですから**ずっとデスクだけにいるのではなく、気分転換に家の中のいろんな場所を活用して働けるようにするのもよいでしょう。**

天気が良くて風が気持ちよい日は、ベランダや庭のアウトドアテーブルで働けたらアイデアが浮かびそうです。膝の上にノートパソコンを置けるクッション付きのミニテーブルがあれば、ソファでゆったり座りながら動画セミナーを視聴できます。

ダイニングテーブルで仕事をする際には「どこでも学習台」も使えるアイテムです。小学生がよく使うお道具箱を一回り大きくして、蓋に約10度の傾斜が付いたものです。傾斜のおかげでノートパソコンのキーボードも打ちやすくなるし、中に物をしまえるのでパソコン、ケーブル、マウス、ペンとメモなど仕事に必須なアイテムをまとめて収納できます。

また、オンライン会議用のサブワークスペースを作るのもアリです。壁を背にする位置のダイニングテーブルの席や、ソファの位置を工夫してクッション付きミニテーブルと組み合わせれば背景が片付いたオンライン会議スペースが用意できます。

スタンディングデスク

何時間もずっと同じ座り姿勢でいるのは、腰痛の元です。たまには立って仕事をしてみるのもいいかもしれません。

というと「なるほど、スタンディングデスクね。手動でハンドル回して高さを変えられるものもいいけれど、自動昇降機能付きも憧れるよね」と良いものを探したくなる気持ちもわかります。ですが、専用のものを買う前に、家にあるものでスタンディングワークスタイルを試せるかもしれません。

一番簡単なのは、デスクの上に台をのせてノートパソコンを持ち上げる方法です。小型のダンボール箱や分厚い雑誌などを数冊重ねて置くだけでもOKです。立って肘を直角に曲げたところにキーボードがあるくらいの高さにしてみて、高すぎたり低すぎたりしたら調整しましょう。

他にも、ノートパソコンを置ける程度の奥行きの棚があれば、ちょうどいい高さの棚板に置いてある本や物をどけてスペースを作って試してみるのもよいでしょう。

作業内容によってはノートパソコンではなくタブレットで十分なときもあるかもしれません。文章の下書きを書く作業であれば、立って歩きながら音声入力できてはかどります。

立って働くときは足元が大事です。硬い床の上に素足で立つのではなく、やわらかいスリッパを履くか、ヨガマットなどやわらかいマットをしいてその上に立ちましょう。足の疲れ方が違います。

031 / 105

最も重要なイスの選び方

予算をかけるならばデスクよりも、体を預けるイスです。とはいえ、誰もがアーロンチェア、エルゴヒューマンのような十数万もする立派なワークチェアを買うべきだとは思いません。

実際に、毎日家で働いている人でも、いろんなイスで働いています。周りのリモートワーカーに聞いてみると、こんな意見が出てきました。

「あまりこだわってません。ニトリやIKEAなどお手頃価格の家具屋さんにある数千円のワークチェアで十分満足しています。低反発クッションもあると、長時間座っててもお尻が痛くなりません」

「ローテーブルなので、座椅子です。座布団一枚よりはずっと楽です」

「ダイニングテーブルで仕事をしているので、イスもダイニングセットのチェアです。座面が硬いのでクッションは必須」

「ワークチェアに、バックジョイという骨盤サポートシートを組み合わせて使っています。腰が支えられて良い姿勢を保ちやすいです」

「吟味してゲーミングチェアを買いました。座面や肘掛けの高さと角度を細かく調整可能、オットマン付きで高級ワークチェアの数分の一の価格でお買い得でした。背もたれを倒すとフラットになるから仮眠にも最適」

「ずっとオフィスでアーロンチェアに座っていて、家でも同じイスがよかったので同じ物を中古で入手しました。満足しています」

「運動不足解消のためにバランスボールをイス代わりにしています」

簡単に買い換えられないイス選びは難しいものです。しばらく座ってみないと自分に合うかどうかわかないので、**レンタルして試してみる方法もあります。**
「ワークチェア　レンタル　個人」などのキーワードで検索してみてください。デスクもセットで借りられるので、短期の在宅勤務用ワークスペース作りにも最適です。

ゲーマー向け家具もオススメ

長時間同じ姿勢で画面に向かうゲーマーに最適化された家具は、長時間画面に向かって仕事をする在宅ワーカーにとっても有効なアイテムが多いです。

イス以外にもデスクやキーボード、マウスなどゲーマー向けアイテムは機能性重視かつコスパが高く、良い選択肢が揃っています。

ゲーミング座椅子という足がなくシートを床に直置きできるタイプのイスもあります。ローテーブルをデスクにしている場合には最適です。

ゲーマー向けアイテムは虹色に光ったり、黒ベースに原色のアクセントカラーと派手な色合いのアイテムが多かったのですが、最近は在宅勤務需要を想定した落ち着いた色合いのアイテムも増えているようです。ぜひ探してみてください。

032／105

ワークスペースの例

オフィスですとみんな同じデスクとイスを使うことになりますが、リモートワーカーのワークスペースは十人十色です。

シックス・アパート社員のワークスペースも、個室に広いデスクがあったり、学習机を使っていたり、ダイニングテーブルや折りたたみテーブルを利用するなどさまざま。そのいくつかをご紹介します（実際の写真は巻頭カラーページに掲載）。

個室／コックピットをイメージしたワークスペース

法務担当社員のワークスペースは個室。飛行機のコックピットをイメージしたワークスタイルです。

着席した自分を中心にした球体の内側に、情報が表示されているようにしたかったとのことで、画面がたくさん。正面のメインディスプレイは、ウルトラワイドの曲面ディスプレイ。その他、サブディスプレイやiPadは自分を囲むように配置しています。

机の横から伸びているスタンドにスマホをつなげることで楽な姿勢で操作も可能。参考書を開いておけるブックスタンドも必須だそうです。イスは、ゲーミングチェアです。

一人暮らし／ダイニングテーブル兼用のワークスペース

マーケティング担当のワークスペースです。ノートパソコンと資料を広げる場所さえあれば、ダイニングテーブルでも十分仕事はできます。毎朝仕事を始めるときに道具を出してきて、仕事が終わる時間にはすべて片付けます。

ノートパソコン1台と身軽なので、疲れてきたら、ソファに移動してくつろぎながら仕事をすることもあります。

一人暮らし／複数のマシンを使うことを前提に広めに用意したデスクスペース

ITチームのスタッフのワークスペースは画面つきのAlexa(スマートスピーカー)、自由に動かせるモニターアーム、こだわりのキーボードを配置した機能的なデスクです。

パソコンのセットアップやメンテナンスのため、デスクに複数のマシンを置いて同時に操作することもあるため、キーボードをどけたら広いスペースを作れるのがポイントです。イスは高級ワークチェアのアーロンチェアです。

子ども部屋の片隅／小学生の学習デスクと並べたワークスペース

IKEAのMICKEというデスクを二つ並べて、片方は小学生の子ども、片方は親のリモートワークスペースになっています。デスクトップパソコンとつながっているメインモニターは目線の高さに、ノートパソコンもスタンドで高くしてサブディスプレイにしています。

手に取りやすい本棚には、よく使う辞書や参考書籍を並べています。イスにはあまりこだわりがなく、ニトリで買った

4000円ほどのデスクチェア。クッションを敷いて使っています。

みんな違ってみんないい

インプレス社のウェブメディアINTERNET Watchの連載「みんなの在宅ワーク」にもたくさんの事例が掲載されています。

これらの多種多様な事例を見て思うのは、**多くの人が選ぶ選択肢が自分にとって最適でなくていいということです。**デスクを使わない派がいたっていいし、イスを使わずスタンディングデスクオンリーの人がいてもいい。自分にとって最適であればどんな形だっていいのです。

自分の家なのですから、限られた予算やスペースの範囲で自分にとって快適な環境を作りましょう。

033 / 105

快適な通信環境を用意しよう

高速で安定した通信環境は在宅勤務の要です。大事だとわかってはいるけれど、オフィスではIT担当にまるごとお任せできた環境整備を、自宅では自分でやらないといけないのはちょっとしたハードルです。

でも、家で継続的に仕事をする必要があるならば、覚悟を決めて快適な通信環境を作りましょう。

集合住宅に備え付けの回線を利用する

マンションに備え付けの通信回線を利用している人も多いと思います。快適な速度で利用できているならば問題ありませんが、集合住宅で回線を共有している場合は、同時にネットを利用する人が増えると通信速度が遅くなってしまうのが難点。

在宅ワーカーが増えていることに加えて、IoT家電の増加、YouTubeやNetflixなどのオンラインストリーミング動画視聴、オンラインゲームなど、今後もネット利用が増える一方であるご家庭が多いでしょう。

リモートに慣れているシックス・アパートの社員も、コロナ禍で在宅勤務者が増えた時期のマンション備え付け通信回線の不安定さには対応できず、オンライン会議での商談中に接続が切れてしまうことがありました。

頻繁にネットワーク接続速度の低下が起きるようなら、マンションの回線の増強をお願いするか、独自にインターネット回線を敷設することを検討してもいいかもしれません。

自宅に通信回線を引く

個人宅に通信環境を用意する際には、大きく分けて二つの選択肢があります。

一つは工事が必要だけれど、高速で快適な光回線です。

光ファイバーケーブルを宅内に引き込み、室内では光回線終端装置（ONU）とWiFiルーターを設置することで、自宅内で高速インターネットが使い放題になります。家族もオンラインゲームや動画視聴などを同時に楽しむならば光回線があると安心です。

ただし工事が必要なため、開通までに日数がかかります。また、マンションによっては、工事がNGである可能性があるのでご確認ください。

もう一つは、工事不要の携帯電話のモバイルネットワークを利用したモバイル回線（WiMAXやソフトバンクAirなど）**の利用です。**

自宅内に据え置き型のWiFiホームルーターを設置するだけと導入が簡単で、機材が届いたその日からすぐ利用開始できるのが特長です。エリアによっては電波が届かずつながりにくいこともあるので、事前にレンタルして回線速度を確認しましょう。

また、プランによって、利用できる通信量に制限があるため使いすぎにも注意です。チャットやメールのやりとり、ネット閲覧が中心で、たまにオンライン会議をするといった一般的な在宅勤務の用途ならばおおむね問題ないと思いますが、ご家族も利用するならば十分な容量・速度のプランを検討しましょう。

快適にオンライン会議が行えるネットワーク速度

オンライン会議ツール「Zoom」のサポートページを参照すると、グループでビデオありの会議を快適に行うには、ダウンロード1.5Mbps、アップロード1.5Mbpsほどの速度が出ていればいいと言います。

ちなみにYouTubeやNetflixでHD画質の動画を快適に見るための目安の速度は、ダウンロード5Mbpsです。

通信速度はNetflixが運営する「FAST.com」で簡単に調査できます。ダウンロード・アップロードの両方で10Mbpsくらいの速度が出ていれば、Zoomなどでのオンライン会議も動画視聴も可能です。

034 / 105

自宅のネット回線が遅すぎるときにできること

ネットが遅くなる原因はさまざまです。

回線が遅い。ルーターの動作が遅い。ルーターとパソコンの接続状態が悪い。パソコンが熱暴走していて遅い……。

本来なら、これらの原因を切り分けて問題箇所を特定し解決方法を探っていく必要がありますが、「ネットに詳しくないのでよくわからない！」と思う気持ちもわかります。

そこで、ネットワークが遅いなと思ったときに、ひとまず自分で簡単にできる対策をいくつか紹介します。

ルーターを再起動する

個人的な経験ですが、ルーターとパソコンを両方再起動してみたら問題が解決することがよくありました。数分で終わるのでまずは試してみるのがよいと思います。

重たい通信を控える

ストリーミングで音楽を聴きながら作業しているのであれば、いったん音楽を止めましょう。オンライン会議中であれば、ビデオをオフにすると軽くなります。

Zoomによると、ビデオオフで画面共有だけのオンライン会議ならば、ダウンロード・アップロードの両方で50～75kbpsの通信速度があればいいそう。ビデオオンで顔出しありでの会議の速度目安が1.5Mbpsですから、約30分の1になります。

会議中、もし家族が動画視聴やオンラインゲームをしているならば、一時的に利用を控えてもらうお願いが必要かもしれません。

クラウドツールを使った作業中であれば、オンライン会議より通信容量を消費しないことが多いですが、素早い入力に追いつかずテンポが遅れてイライラすることがあるかもしれません。

たとえば、Googleドキュメントで企画書作成や、Googleスプレッドシートでデータを更新しているならば、いったんダウンロードしてしばらくWordやExcelなどローカルでの作業に切り替えるなど通信を使わずに進めましょう。

通信が安定したところで、編集したデータをクラウドツールにコピーして保存するのを忘れないようにしましょう。

テザリングに切り替える

自宅の回線が遅すぎるまたは全くつながらなくなってしまったときは、次善の策としてスマホのテザリングを使う手があります。

テザリングとは、スマホのモバイルデータ通信を利用して、パソコンやタブレットなどでインターネットを利用する方法です。スマホで契約している通信容量を利用することになるので多用はできませんが、急場しのぎには十分です。

ただし、自宅の回線がつながらなくなってから、焦ってテザリングの方法をスマホで調べて、パソコンに設定して、とやっていると、あっという間に時間が経ってしまいます。

事前に、仕事用のパソコンでスマホのテザリングを利用する設定を行い、試しておきましょう。そうすれば「5分後にオンライン会議なのに、家の回線がつながらない！」というときに焦らないですみます。

回線速度が安定している場所に移動する

これらを試してうまくいかなかった場合は、しばらくはオフィスに出社するなり、コワーキングスペースに移動するなり、安定したネット環境のある場所で作業するのは、最も簡単な回避策の一つです。

プロバイダに問い合わせる

安定した回線を使える場所に身を寄せつつ、プロバイダへ問い合わせましょう。集合住宅で契約している回線ならばその管理者、個人で契約している回線ならば契約しているプロバイダに問い合わせます。会社のIT担当に状況を話して相談してみるのもよいと思います。

会社にモバイルルーターを借りる

出社やコワーキングスペースでの仕事が難しいようであれば、会社からモバイルルーターを送ってもらいしばらく借りる手もあります。

会社として、社員の外出や出張のためにモバイルルーターを数回線契約していることもあるのではないでしょうか。このモバイルルーターを社員の自宅回線復旧までの間、一時的に貸りることで当面はしのげます。

シックス・アパートのある社員が、転居に伴い新居での光回線の開通申し込みをしたところ、コロナ禍による緊急事態宣言中であったため、工事完了までに長い日数待たされたことがありました。

その間、在宅で仕事を継続するために、会社からモバイルルーターをレンタルして乗り切ったそうです。

035／105

業務用パソコンのセキュリティ対策

リモートワークでは、パソコンをオフィスに置きっぱなしにするのではなく、自宅・オフィス・コワーキングスペースと持ち歩くことになります。さらに、メインで使うパソコンのトラブル時やソフトの動作検証、オンライン会議のカメラ＆スピーカー＆マイクとして私物のパソコンやスマホ・タブレットを利用する機会も出てくるかもしれません。

いろんな場所にパソコンを持ち運んで使う、会社貸与パソコン以外に個人所有の端末も利用するシーンもあるといった多様なシチュエーションを前提に、シックス・アパートではこんな運用ルールを定めています。

第三者と共用・共有しない端末を利用する

業務で使うパソコン・スマホ・タブレットは、他者と共有しない自分専用のものにしましょう。

シックス・アパートでは、ネットカフェなどに設置されている不特定多数が利用できるパソコンはもちろん、家族や友人と共用・共有している端末を業務利用することは禁止しています。ユーザーアカウントを分けて、同じ端末を使うこともNGです。

禁止する理由の一つ目は、業務上の機密情報が第三者に見られてしまう可能性があるから。共用パソコンのブラウザから業務情報にアクセスすることで閲覧ページのキャッシュが残り、そこから機密情報が漏れる可能性があります。

また、ご家族が業務用パソコンを使って外部とデータ共有し、そこから情報が漏れる可能性もあります。

二つ目の理由は、万が一、機密情報漏洩などの重大な事件が発生したら共有している相手も疑わなくてはいけなくなります。家族を疑うのは心苦しいです。

ディスクドライブの暗号化&起動パスワードを設定する

もしも家に泥棒が入ったら、わかりやすいところに置いてあって換金しやすいパソコンは狙われる可能性大です。万が一盗まれても、肝心のデータが流出しにくくなるよう、**ディスクドライブを暗号化し、OS起動時にパスワードが必要な状態にする設定にしておきましょう。**

ディスクドライブの暗号化は、WindowsならばBitLocker、MacならばFileVaultとOS標準のツールがあります。BIOSパスワードを設定する方法もあります。

パソコン起動時のパスワードも必須です。十分に複雑なものを設定して覚えましょう。決して付箋などでパソコンに貼ってはいけません。加えて、5分以内で自動起動するスクリーンセーバー（スクリーンロック）を設定し、解除時にはログインパスワードを要求するようにしておきましょう。

さらに遠隔からパソコンの中身のデータを削除するリモート

ワイプの機能を設定しておくとなお安心でしょう。

アンチウイルスソフトのインストール

会社から貸与されているパソコンの場合は、指定のアンチウイルスソフトの最新版をインストールし、定義ファイルも常に最新に更新しましょう。

個人所有で業務に使う可能性があるパソコンも同様に、可能な限り会社指定のアンチウイルスソフトの個人版を利用すると同じ使い勝手で安心です。

個人所有端末を手放すとき

私用のスマホで仕事のメールやビジネスチャットを確認していることもあると思います。業務にも使っていた個人所有端末を廃棄・売却・譲渡する際には、確実なデータ消去を行うようにしましょう。

036 / 105

パソコンも メンテナンスしよう

ソフトウェアのアップデートをしよう

セキュリティ対策のためにも、利用するソフトウェアは常に最新版にしておきましょう。

自動アップデートになっていれば安心ですが、手動で対応するものもあるので、通知が来たらすぐに対応する癖を付けるとよいと思います。

加えて、月1回パソコンのメンテナンスの日を設けると良いでしょう。毎月第1水曜日の朝イチなど、実行日を決めてカレンダーに入れてしまうのがオススメです。

毎月のメンテナンスで私が実行しているのは以下のとおりです。

- ☑ セキュリティソフトの定義ファイルの更新とスキャン実行
- ☑ ソフトウェア（ブラウザ、日本語入力ソフトウェア、VPN）のアップデートの確認
- ☑ OSのアップデートの確認

※会社によっては、業務用パソコンのOSのアップデートについては、各種業務ツー

ルの動作検証後を推奨している場合があります。会社ごとのルールを参照ください。

☑ WiFiルーター、その他ネットワーク機器のアップデートの確認

☑ パソコン内のデータのバックアップ

☑ ディスクチェック（Windowsならドライブのデフラグと最適化やディスククリーンアップ、Macならばディスクユーティリティといった純正のツールがあります）

☑ 空きディスク容量の確認と不要なファイルの削除（ブラウザのキャッシュ、ダウンロード済みデータ、使わなくなったアプリケーション、ローカル保存禁止の個人情報を含むファイルが残されてないか確認）

☑ キーボード、マウス、モニター、パソコン全体を拭く（OAクリーナーや、メガネ拭き、マイクロファイバークロスなど、やわらかく毛羽立たない布を使いましょう）

また、サポート期限が終了しているソフトウェアやハードウェアがあれば交換しましょう。

たとえば、Windows Vistaは2017年4月に、Windows 7は2020年1月に、サポート期限が終了しています。サポートが終了したOSでは、脆弱性が見つかっても更新プログラムが提供されないため、その脆弱性を悪用する攻撃に対して無防備です。

万が一のときには？

個人所有のものも含め業務で使っているパソコンがもしも盗

難、紛失、またはセキュリティ上の問題（ウイルス感染やデータ盗難の疑い）がある場合には、即座に上長やITチームに連絡し、状況を共有しましょう。

盗難・紛失の場合などは、警察へ遺失物届や被害届を出すことも忘れずに。

予備のパソコンがあると安心

業務に使えるパソコンを複数持っていれば、メインで使っているパソコンが壊れたときにもバックアップとして別の端末を利用できます。

会社から貸与されたパソコン以外に、個人所有のパソコンやタブレット、スマホなどで業務を行ってよいかについては会社ごとにルールが異なりますのでご確認ください。

これらを守った上で、個人的に気をつけていること

「ITチームの言うとおりに設定し、常にアップデートし、毎月メンテナンスしてるからセキュリティはバッチリ！」と油断はできません。

日常のパソコン利用時にも、以下のような点に気をつけましょう。

- ☑ カフェなどで作業する際、ノートパソコンやスマホを絶対なくさないよう、その場を移動する際には必ず忘れ物がないか指さし確認。
- ☑ 万が一、パソコンを紛失しまった場合に備えて、遠隔から探せる機能をONにしておく、ドライブの暗号化、個人情報

を含むデータをローカルで操作しない、遠隔からデータを削除できるリモートワイプを設定しておくなど、被害を最小限にする対策をしておく

☑ ウェブサイトに個人情報などを入力する際は、鍵マークがついているSSL暗号化ページであることを確認する

☑ 各サービスのアカウント登録の際に、二段階認証や多要素認証に対応していれば有効にする。また、サインイン通知も有効にする

☑ メールや個人SNSへのダイレクトメッセージなどで送られてきた怪しいファイルは開かない。送信元が知り合いだったとしても、乗っ取られて悪意のあるファイルを送りつけられている可能性もあるため、怪しいなと思ったら開く前に、ITチームに相談する

037 ／105

集中しやすい空間作りのポイントは「空気」

窓を開けて換気しよう

狭く閉め切った部屋でずっと仕事をしていると、眠くなったり、頭が痛くなったりして、集中力が途切れがちです。その理由は、**単に疲れただけではなくて、二酸化炭素濃度が高まっているからかもしれません。**

オフィスと違って換気設備が整っていない自宅では、自分で気づいてこまめに換気しないと空気は淀む一方です。

厚生労働省は「建築物環境衛生管理基準」として、室内の空気を良好な状態に保つ基準値を定めています。

- ☑ 室温：17℃以上、28℃以下
- ☑ 湿度：40％以上、70％以下
- ☑ 二酸化炭素濃度：1000ppm以下

最初の二つは体感でも気づきやすいし、温湿度計があればすぐにわかります。エアコンや加湿機・除湿機を活用して、できるかぎり最適な室温・湿度を保てるように調整しましょう。

三つ目の二酸化炭素濃度とは、言葉のとおり空気中の二酸化炭素濃度のことです。

閉め切った会議室に大人数で集まって長時間の会議をしていると、ぼんやり眠くなってきたことはないでしょうか。それは会議が退屈だからだけではなく、密室内で多くの人間が呼吸していたことで、室内の二酸化炭素濃度が高くなったことも一つの原因です。二酸化炭素濃度が高くなると、集中力の低下や倦怠感、眠気などを引き起こします。

二酸化炭素濃度が高まっているのに気づくのは難しいもの。朝から集中して仕事をしてきて、いったん集中が途切れてきたなというタイミングがあれば、窓を開けて空気を入れ換えてみてください。換気するだけで二酸化炭素濃度が一気に下がります。

換気の効率を良くするために、窓を開け、サーキュレーターや扇風機で中の空気を外に出して、空気を循環します。

二酸化炭素濃度が高いということは、三密の一つである換気がなされていない密閉状態と言えます。人が多い密集状態であれば、さらに二酸化炭素濃度が高まるスピードも速くなります。最近では三密対策の一環として、オフィスや病院などで、一定以上濃度が高まった際にランプが光って密状態を教えてくれるセンサー機器などが発売されています。

現状では、家庭で使える二酸化炭素濃度センサーについて、手頃なものはほとんどないのですが、今後は室温・湿度と合わせて計測できる機器が増えてくるのを個人的にも期待しています。

空気清浄機・加湿器・除湿機

リモートワーク手当の用途をシックス・アパート社員に聞いたところ、空気清浄機をあげる人が何人かいました。

生活の場である家は、料理の匂いやペットの毛、ほこり、タバコ、季節によっては花粉など、空気が汚れやすい環境にあります。綺麗な空気は快適なワークスペースにとって最重要項目の一つ。リモートワーク手当があるならばその使いみちとして、毎月の通信費をまかない必要な機材を揃えた次に、空気清浄機を導入するのは良い投資だと思います。

私は持ち運べるコンパクトサイズの空気清浄機「Blue Pure 411」(ブルーエア)を、昼はデスクのある居間、夜は寝室と移動しながら使っています。

加えて、必要であれば乾燥しやすい季節には喉を守る加湿器、ジメジメ不快な季節には除湿機の導入も検討してもいいでしょう。

038／105

在宅ワーカーのデスク周りにあるとよいもの①
パソコン関連

ワークスペースには最小限、ノートパソコン１台とオンライン会議用のマイク付きイヤホン、それらを使う場所さえあれば大丈夫です。あれこれと追加で買い足す必要はありません。

ですが、使うと姿勢が良くなる、効率が上がる、気分が良くなるアイテムもあります。

ノートパソコンを置く台

テーブルにノートパソコンを置いてみると、思ったよりも目線が下になるものです。腰が曲がって頭が前に出て斜めに見下ろすような姿勢になるかもしれません。

自分にとってそれが辛くない体勢であればいいですが、しばらくその姿勢で作業してみて違和感があるならば、可能な範囲で調整しましょう。

ディスプレイの位置は姿勢良く座ったときにまっすぐ前を見た目線の高さがいいと言われています。まずは雑誌や空き箱などで高さを調整して、しばらく試してみるとよいでしょう。

使いやすい高さが見つかったら、その高さに合わせたノートパソコンスタンドの購入を検討しても良いかもしれません。雑誌を積んだものより見た目的にも良いですし、ノートパソコン底面の下に空間を作れるタイプのスタンドであれば、廃熱にも役立ちます。

外付けキーボード&マウス

スタンドなどを使ってノートパソコンの画面位置を上げると、キーボードやマウスの位置も上がるので、非常に使いにくくなります。

一般的に、座って肘を直角に曲げ手をまっすぐ前に出した位置にキーボードとマウスがあると使いやすいと言います。外付けのキーボードやマウスであれば、自分の腕の長さに合わせて使いやすい場所に置けます。多種多様なサイズ、使用感のアイテムが出ているので、自分に合うものを選んでみてください。

ワイヤレスのキーボードやマウスだと、設置位置の自由度が増し、机を広く使えるのでオススメです。

外付けキーボードとマウスを使う利点は、他にもあります。

キーボードやマウスといった直接触るデバイスは一番汚れやすいし、壊れやすいところです。汚れたら、エアダスターでほこりを払ったり、スライムクリーナーでペタペタ汚れを取ったり、ウェットティッシュで拭いたり、パソコン本体への影響を気にせずメンテナンスできます。

また、どれかのキーの調子が悪くなったり、お茶をこぼして壊してしまっても、キーボードやマウスだけ買い換えればすみます。

私だけかもしれませんが、家にいるとオフィスよりも油断しているのか飲み物をこぼしがちです。ノートパソコン本体に液体がかかって壊れたら数十万の損害に加えて、代替機入手までしばらく作業が止まることを考えると、外付けのメリットは大きいです。

ノートパソコンの冷却台

ここ数年主流の薄型・軽量・大容量バッテリー・持ち運び重視のノートパソコンは、オンライン会議など重たいアプリの長時間利用には不向きで、すぐに熱を持って動作がカクつきます。

特に夏は、機種にもよりますが、パームレストに手を置いていられないほど本体が熱くなることもあります。そんな時はファン付きの冷却台の上にノートパソコンを置き、風を送りながら作業することで作業速度改善につながります。

ただし、冷却台の代わりに、保冷剤を使うのは絶対NGです。結露してパソコンが壊れます。ご注意ください。

外付けディスプレイ

一般的にノートパソコンの画面はそんなに大きくありません。小さい画面内の小さい文字を読むのに目が疲れるのであれば、十分な大きさの外付けディスプレイを用意して、広い画面で文字やアイコンを大きく表示して使いましょう。

モニターアームなどを使って目線の高さに配置すると姿勢も良く作業できます。たいていのノートパソコンから、HDMIもしくはUSB-C端子で外付けディスプレイへ出力可能です。

スマホ・タブレットスタンド

スマホやタブレットなどのモバイル機器も、見やすい角度に立てて置けるスタンドがあればサブ端末として活用できます。

☑ オンライン会議ログイン用端末として、モバイル機器のカメラ、スピーカー、マイクを使う
☑ iOSデバイスであればSiri、Androidデバイスであれば Google アシスタントに声をかけて簡単な計算や翻訳を手伝ってもらう
☑ ビジネスチャットやカレンダーを表示しておいて、通知があればすぐ気づけるようにする

さらにワイヤレス充電できるモバイル機器であれば、ワイヤレス充電に対応するスタンドと組み合わせて使うと、見やすい位置に置いたままで充電もできて便利です。

各種充電エリア

机の上にはスマホ、タブレット、ワイヤレスイヤホン、モバイルバッテリーなど充電が必要なものがたくさんあります。特にオンライン会議に使うワイヤレスイヤホンは常に充電しておく必要があります。

デスク上かデスクの近くにUSB充電コーナーがあると便利です。スマートスピーカーやUSB扇風機、カップウォーマーなど、最近増えたUSB小物家電への給電にも使えます。

在宅ワーカーのデスク周りにあるとよいもの②
その他いろいろ

郵便セット

よく送る宛先を手書きもしくは印刷したラベルシール、各種サイズの封筒、日付と宛名と内容物を書き込むだけの送付状フォーマットのA4用紙、書類を折らずに送るためのクリアフォルダ、切手のセットを一式用意しておくと、便利です。

封をする直前に内容物一式を並べた写真と、投函している写真を撮っておくと作業の記録になります。「あの書類、ちゃんと提出してたっけ？」と忘れてしまっても、写真があれば郵送物の内容と、投函した日が後から確認できます。

文房具一式

ペン・はさみ・マスキングテープ・セロハンテープ、といった細々とした利用頻度が高い文房具は、引き出しやペン立てに入れてすぐ手に届くところに置いておきましょう。

大きめサイズの付箋メモ

メモとして使うのはもちろんですが、家族への連絡事項にも使えます。

「今、オンライン会議中」などと書いて、扉の近くやデスクの目立つ位置などわかりやすい場所に貼っておく、仕事のタスクや家庭の作業でやらなければならないことを思いついたときにメモしておいて、いったん脳内から消す、などと万能です。

保冷保温機能のあるタンブラー

ホットコーヒーは熱々のまま、アイスティーは冷え冷えのまま長時間保ってくれるタンブラーは欠かせない相棒です。

コースター

あってもなくてもよさそうに思えて、やっぱりあるとよいのがコースター。コースターがあると、カップの飲み口からコーヒーが垂れてもデスクを汚さずにすみます。加えて、ドリンクの置き場が定まるのも良い点です。腕が当たらない安全な位置に置いておきましょう。

有線のマイク付きイヤホン

普段使用しているイヤホンが不調のときやバッテリーが切れたときのために、予備としてスマホ付属の安いイヤホンを置いておくと安心です。

耳栓

近所のマンションが工事中だとか、子どもの友達が遊びに来ていてにぎやかなときなど、耳栓を使うと音をある程度シャットアウトでき、集中しやすくなります。

USB扇風機

熱くなってきたパソコンに風を送ってクールダウンさせるのにも、自分を冷やすのにも使えます。特に真夏は顔や腕にスプレーでミストをかけてから扇風機の風を浴びると急冷できて、さっぱり頭も冴えて気持ちよいです。

手ぬぐい

何かをこぼしたときにさっと拭いたり、画面を拭いたり、折りたたんでパームレスト代わりにしたり、カイロや保冷剤をくるんで首に巻いたり、スマホやタブレットの下に敷いて通知の振動をやわらげたりと、さまざまな用途に使えます。

なごみアイテム

家族の写真、推しのキャラクターのアイテム、観葉植物など、仕事の合間に眺めて気持ちが穏やかになれるアイテムは心の平穏のためにも大事なもの。自分の家のデスクならば誰にも遠慮せず置き放題です。作業の邪魔にならない範囲で自由に飾り付けましょう。

マッサージ・運動系アイテム

デスクの上に手のひら用ツボ押しや肩マッサージャー、デスク近くの床にヨガマットが敷いてあれば、すぐにマッサージやストレッチができます。

040／105

コピー・プリント・スキャンはコンビニでOK

コンビニ複合機はリモートワーカーの大きな味方です。頻繁にコピー・プリント・スキャンをする用事があるならば家に複合機やスキャナーがあった方がいいですが、**月数回程度の利用頻度であれば、コンビニの複合機を利用するのも経済的です**。

セブン-イレブンなら「netprint」、ファミリーマートとローソンは「ネットワークプリント」のウェブサービスに印刷したいデータを送れば、コンビニ店内の複合機で出力できます。

印刷はA4白黒1枚あたり20円です。コピーは10円なので、同じものを複数出力するのであれば1部プリントアウトしてそれを必要な部数コピーする方がお得です。

印刷時はモニターでのプレビュー機能を必ず利用して確認しましょう。縦横の向きや、サイズ指定を間違えてはみ出してしまったり、無駄にカラーで印刷されたりすることがあります。ミスプリントでもお金はかかります。気をつけましょう。

スキャンも可能です。スキャンしたい書類と保存先のUSBメモリもしくは対応アプリをインストールしたスマホを持っていけばOKです。

041 ／105

在宅勤務で増えた家事は効率的にこなそう

リモートワークでは家にいる時間が長くなるので、家を快適にするための家事の時間も増えます。

3食とも家で食べるから買い出しや調理や片付けの手間が増え、トイレを使う頻度も上がってペーパーやタオルの交換に掃除もこまめに必要だし、室内をパタパタ歩き回ることでほこりは立つし、抜け毛や食べかすで床が汚れるペースも速くて掃除機を回しっぱなし。それに、オフィスワーカーであれば仕事場だけに置いておけばよかった各種機材やケーブルや参考資料や文房具なども家に溢れ、片付けるべきものも増えます。

この追加の家事負担を、家族に押しつけるのは控えましょう。

通勤の分の時間の余裕ができたことで運動不足解消も兼ねて自分でやるのももちろんよいのですが、便利なサービスや家電を活用すれば、仕事中に家事をこなすことだってできます。

▶食材の買い物

ネットスーパーや産直宅配など選択肢が増えています。お住まいのエリアに対応しているサービスを探してみましょう。

▶調理

カット済み材料と調味料が一式揃っているミールキットならゴミも少なく簡単調理できますし、レンジやオーブンやホットクックなどの家電にお任せする手もあります。Uber Eatsのようなデリバリーや、テイクアウトも増えています。

▶食事の片付け

食洗機にお任せしましょう。セットしておけばあとは自動で洗って乾かしておいてくれます。

▶生活用品の買い物

紙類やシャンプーなどドラッグストアで買うような生活用品も、ネット通販で定期便などを活用すると、お得に買えます。

▶洗濯

洗濯機はもちろん、乾燥機もあれば、洗濯物を干す必要がなくなり、かなりの時短です。

▶掃除

ロボット掃除機も2万円台から買える値段になりました。けなげに掃除している姿を見ると愛着がわくかもしれません。

▶家事代行サービス

家事が好きじゃないなら、モチベーションも上がらず効率も悪い自分が手を動かすことはやめて、家事代行サービスにお願いするのもいいと思います。苦手なことはがんばらない。対価を払って得意な人に任せるのもよい方法だと思います。

家事負担が増える分、効率化・省力化を

このように、家電やサービスの活用で省力化できる家事はたくさんあります。特に家電を活用すれば仕事と同時進行できることが多いのもいいところです。

仕事中でも、ホットクックでカレーを煮込んだり、食洗機がお皿とフライパンとお玉を洗ってくれたり、ロボット掃除機が床をぐるぐる掃除してくれたり、洗濯機が乾燥までしておいてくれます。

もちろん、自分でやるのが苦にならない家事や、機械やサービスに任せにくい家事、自分でやった方が効率や仕上がりの良い家事はたくさんあります。そういうものこそ、積極的に自分でやればよいのです。**通勤時間がなくなった分、家族の一員として果たすべき家を心地よくする仕事もがんばりましょう。**

シックス・アパート社員のほぼ全員が、リモートワークが始まってから家事にかける時間が増えたと言います。

特にずっと家にいるので、宅配荷物の受け取り担当になっている人が多いようです。チャイムが鳴って荷物を受け取りに行くのは、座りっぱなしのデスクから強制的に離れて歩くきっかけにもなってちょうどよさそうです。

家事についても多数の選択肢を知り、自分に合ったものを活用し、常に効率化・省力化を意識してアップデートし続ける。とてもリモートワーカー的だと思います。

042／105

スマートスピーカーを秘書代わりに

スマートスピーカーとは、話しかけると音声で答えてくれる、対話型のAIアシスタント機能を搭載したスピーカーです。

手のひらにのるサイズのものから、小型モニター付きの据え置き端末まで各種あります。作業の手を止めず、声だけで「OK, Google　今日の天気は？」とか、「Hey! Siri　次の予定は？」とか「Alexa　14時55分にオンラインセミナーとリマインド」など話しかけるだけで情報を聞けるし、リマインドも設定してくれる、リモートワーカーにとっても便利アイテムです。

たくさんの人の声が飛び交うオフィスでは使いにくいスマートスピーカーも、静かな家でなら活用し放題です。まるでAI秘書として働いてくれます。

たとえば、電卓。ちょっとした計算がしたいときに、電卓を用意する必要はありません。税込みの金額を知りたいならば「Alexa、4万2798円を税込みで」と聞くと、たちどころに答えを教えてくれます。「4万2798円の10%税込み価格は、4万7078円です。軽減税率で知りたい場合は『4万2798円に8%を足して』と聞いてください」と、税率まで配慮した答えが返ってきます。

次の予定の確認にも使えます。直後の予定の確認はもちろん、指定日の予定も確認できます。「OK, Google　来週の月曜の予定は？」と聞くと、「月曜日の予定は３件あります。最初の予定は９時からチーム定例会議です」と教えてくれます。

「スピーカー」なのでBGM再生にも適しています。

音楽再生には、スマートスピーカーが対応している音楽ストリーミングサービスとの契約が必要ですが、声で指定したアーティストや曲を自動で再生してくれるため便利です。

ラジオならばradikoを利用して居住地域のリアルタイムラジオ放送を無料で再生できます。画面付きのスマートスピーカーならば、休憩タイムにYouTubeでヨガやダンスや筋トレ動画を流しながら体を動かすこともできます。

家電の操作にも使える

さらに、スマートスピーカー対応の家電を持っているか、スマートリモコン（さまざまな家電のリモコンの赤外線通信を学習させると、スマホアプリやスマートスピーカーから呼び出せる機械）を経由して、照明やエアコンの操作にも活用できます。

座ったまま「エアコンの温度上げて」「テレビを消して」「扇風機ONにして」と自由自在です。

パソコンやスマホから呼び出せる

スマートスピーカーを持っていなくても、スマホでもここにあげたほとんどのことが実現可能です。Androidならホームキー長押しでGoogleアシスタントを呼び出せますし、iPhoneであれば電源キー長押しもしくは「Hey Siri」をいつでも聞き取るモードにすれば、手元のスマホに話しかけるだけで呼び出せます。パソコンの場合、WindowsならCortana、MacならSiriに話しかけることも可能です。

COLUMN
#3

SAWSにおける働き方とは？

シックス・アパートの社員の働き方を紹介します。

出社は必要なときだけ

「必要なとき以外は会社に来なくていい」というシンプルなルールです。出社するのは、オフィスでの会議など必要なときだけ。多くの社員が出社頻度は月1～2回です。

好きな場所で働いてよい

働く場所は、個人の自由。多くの社員が自宅で働いていますが、気分転換にカフェやコワーキングスペースに行くことも頻繁にあります。旅行の合間に働く「ワーケーション」や、実家に帰省し平日の日中は実家に用意したワークスペースで働く人もいます。もちろんオフィスで働いてもよいので、週数回出社する人もいます。朝に自宅で仕事をした後、通勤ラッシュを避ける時間に出社し、退勤ラッシュの前に帰るのもOKです。

働く時間の自由度も高い

通勤の時間がない分、早めに仕事を始めて、早めに仕事を終えるのも問題ありません。日中に、子どもの学校の用事のために数時間抜けても大丈夫。特に近所の歯医者に行くときなどは、混んでいる土日を避けて、空いている平日を活用しています。

ちなみにSAWSになって、午前半休よりも午後半休を取る人が増えました。以前は、体調不良などで朝会社まで通勤するのがしんどくて午前半休を取る人がよくいました。SAWS以降は、朝起きて身支度をしたら、すぐ仕事が始められるため午前半休は激減。その代わりに、気分や体調的にあまり仕事が進まなかったり、午前中にその日に終わらせるべき仕事が終わっていたりすれば、午前中ですぱっと仕事を切り上げて午後を半休にすることが増えました。午前中に最低限の仕事をした上で、午後をたっぷり自分の時間に使えます。

信頼をベースにルールは最小限

人それぞれ生産性の高い働き方は違います。細かく制度設計してルール化するのではなく、働く場所や時間の自由度を高めて手当を支給することで、自主性に任せています。会社は、社員一人ひとりがチーム内での自分の役割を理解し、自律的に自分の働き方を作れる人だと信頼しています。だから社員も自分とチームにとってやりやすい方法を考えながら働くことができています。

ルールとして変えたものは以下の二つだけです。

- ☑ 就業規則に書かれていた「出社・退社」の文字をすべて「勤務開始・終了」に書き換えた
- ☑ 用途自由・申請不要で、全社員一律月1.5万円の「SAWS手当」支給を開始した

業務ツールやコミュニケーションツールのクラウド化

社内コミュニケーションの中心は、ビジネスチャットと各種クラウドツールです。あらゆる職種において業務をクラウド化しました。社内の申請もほぼオンラインで完結、給与明細もクラウドツール経由で配布。ペーパーレスにも寄与しています。

セキュリティガイドラインの制定

ITチームを中心に、自宅で使用する会社貸与パソコンや、個人所有のパソコンやスマホの利用ガイドラインを制定しました。年1回監査を行うのに加えて、ITチームにいつでも相談できる体制を作っています。

立替経費の支払いはAmazonギフト券

希望する社員には、立替経費の精算をAmazonギフト券で支払っています。数百円の立替経費精算のために銀行振込をすると、数百円以上の手数料がかかります。手渡しするならば、わざわざ出社しなくてはいけません。

会社と社員両方にとって一番無駄のない支払い方法として、ギフト券払いを選べるようにしました。高額の精算は銀行振込にし、少額の時はAmazonギフト券にするなど、社員個人が判断しています。

通勤費は出社した日だけ

毎日出社しなくていいので定期代は不要です。その代わり、出社した日の分の交通費を毎月申請して、通勤費として支払っています。

月1回の社員総会

毎日は集まらないけれど、月１回は全社員が集まり社員総会を開催しています。社員総会では経営状況のアップデートと各チームからの報告事項が共有され、終わったら懇親会です。毎回、会社近くのレンタルスペースを借りて開催しています。

オフィスでやらない理由は単純で、オフィスに全員入らないからです。その代わりに、キッチン付きのレンタルスペースを借りるなど趣向を凝らす余地があるのも楽しいものです。

場所を問わず働けると、こうなった

SAWSを始めたこの数年で、それまで東京周辺に偏っていた当社社員が住んでいるエリアが日本中に広がりました。長野に住むエンジニアの採用、都内に住んでいた社員が群馬へ移住、東北や関西の実家に帰省して働く社員もいます。地域コミュニティの人脈を活かし、個人的に自治体のPR活動を支援している社員もいます。

シックス・アパート社員の普段の働き方の実例をいくつかご紹介します。

多くの社員が、月1〜2回出社でほぼ毎日自宅

大半のシックス・アパート社員は、普段は家で仕事をして、月１〜２回程度、用事があるときのみ出社しています。その用事とは、月１でオフィスに集まるチームごとの定例ミーティングか社員総会です。

といっても普段ずっと家から一歩も出ないわけではなく、気分

転換に近所のカフェに行ったり、週1回はコワーキングスペースに通ったり、営業時間前のバーの片隅で仕事をしていたりしているそうです。

出社頻度が比較的高い、週1〜2回出社する人の場合

オフィスでの作業が多いバックオフィスの担当や、他社との会議がある経営陣やマーケティング部門のメンバーは週1〜2回程度出社し、それ以外は主に自宅で働いています。また、イベント参加や他社訪問での外出の際は、開始時間の前後にカフェで仕事をしたり、他社での会議やイベントが終わった後、そのまま他社の会議室の片隅で仕事をさせてもらうこともあります。

オフィスの方が集中しやすい人は、頻繁に出社

家ではなく、オフィスで働きたい人もいます。通勤は気分の切り替えになるし、東京駅からオフィスまで少し長めに歩くことで運動にもなる。他にも、自宅は家族が出入りして気が散りやすいなどの理由で、より集中できるオフィスに来ているそうです。

もちろん、家にもワークスペースがあるため、緊急事態宣言下など家を出られないときは、家で働いています。

外出が多い営業担当の場合

外出が多い営業担当の社員の場合は、業務時間の4割は自宅で働き、2割は客先、1割はオフィス、1割は実家で作業し、残りの2割は外出中にパソコンが開ける場所（移動中の電車の中、駅のホーム、出張時の宿泊先、パーキングエリア、カフェ）を仕事場にしているそうです。

この社員はSAWS以前から、オフィスにいない時間が多かっ

たのですが、リモートワーカーになっても仕事時間の半分は出かけています。

ワーケーションや実家で仕事

仕事を持っていけるならば、旅行先や実家に長く滞在できます。また、旅行前に終わるはずだった仕事がずれ込んでも、旅行先から対応できる内容ならば、飛行機や宿をキャンセルする必要はありません。子どもと一緒に帰省しのんびり長く滞在することも可能です。

仕事を犠牲にせず、親孝行や家族のための時間を十分確保できるのです。

Chapter 4

基本のコミュニケーション

10

043 / 105

リモートチームのコミュニケーションの基本

信頼がベース

リモートワークとは「すべてオンラインにして、一切会わずに仕事を進めること」ではありません。オフィスに加えて家などでも働けるという、働く場所の選択肢が増えること、そして**毎日全員が集まらないことを前提とした働き方に変わること**です。

全員がオフィスに出社し毎日会うこれまでの働き方を再現することを目指して、リモートワークの仕組みを作ると、こういうことになりがちです。

- ☑ 勤務時間帯にちゃんと仕事をしているかツールやカメラで常にチェックする
- ☑ 隣の席にいるように気軽に話しかけることができて、すぐに返事がもらえると期待する
- ☑ オフィスに出社しているメンバーに情報が偏り、出社しない人との情報格差が生まれる
- ☑ リモートワークを行うのに毎回申請が必要

こうなると、「(会社の一員としてがんばっていることをアピールするためにも) 出社した方がいいよね」となります。そのため、家でご家族のケアが必要な方や、遠くに住んでいる方など、リモートワークを希望する方が肩身がせまい思いをすることになるのです。

離れていてもそれぞれが自分の役割を責任をもって果たしていると信頼し合うこと。これがリモートチームのコミュニケーションのベースになります。

会うべきときは会う

シックス・アパートでは、チームメンバーと「毎日」顔を合わせることはなくなりました。その代わりに、こまめなビジネスチャットでのやりとり、業務進捗をクラウドサービスで可視化、共有事項のドキュメント化、画面共有と音声のみで行われるサクッと短いオンライン会議、雑談はビジネスチャットだけでなく社員同士でつながっている個人のTwitterやInstagramのSNSで行う、そして月1～2回程度は直接顔を合わせて話す場を設けています。

全員が離れていることを前提にした仕組みになっているため、住んでいる場所を問わず、志を同じくする人と一緒に働ける機会を得られます。地方や海外に住むスタッフと直接会う機会は年に数回くらいですが、それでも会うべきときには会うことで、普段はオンラインでスムーズに仕事が回ります。

言葉で伝え合う

リモートワークを始めるにあたって、よく聞かれる質問が「チームメンバーと顔を合わせなくても、コミュニケーションはスムーズに進みますか？　ニュアンスが伝わらなさそうで不安です」というもの。

その答えは、**「リモートであることを前提に言葉で丁寧に伝える、ドキュメント化して共有するコミュニケーションに変わったことでスムーズになりました。加えて、電話で話すことや直接会うことも大事なので併用しています」**です。

オフィスの同じ空間にいると「あの件、確認よろしく」だけで伝わるような、よく言えば阿吽の呼吸、悪く言えば暗黙の了解のような、すべてを言葉にしなくても察する空気が生まれます。それが積み重なっていくと、新しい人が入りにくい雰囲気が生まれるし、その場にいなかった人には伝わらないし、当人も時間が経つと忘れてしまうデメリットがありました。

オフラインだとその空気がなくなり、いちいち丁寧に言葉で説明しないといけなくなります。その分スピードが下がり、細かいニュアンスが欠落するのでは、と思う人もいるでしょう。

確かに、いちいち説明するのは面倒です。ですが、全員が離れていることを前提とした組織に生まれ変わる際に、言葉で伝えることは必須の能力です。みんなが言語化に慣れ、その良さを実感するまでの間のコミュニケーションロスは成長痛なので乗り切りましょう。

リモートワークにおけるコミュニケーション

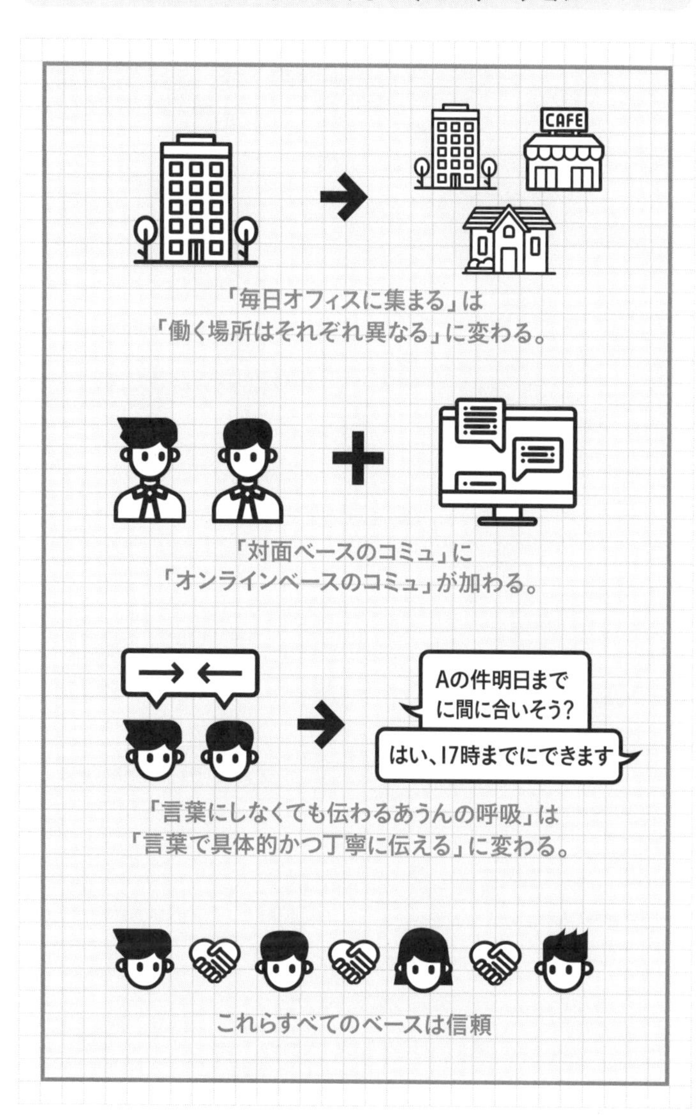

044 / 105

ローコンテクストなコミュニケーションを心がけよう

察する必要がないコミュニケーションを心がけよう

「コンテクスト（コンテキスト）」とは文脈や背景情報です。 ハイコンテクストなコミュニケーションでは、いちいちすべてを言葉にしなくても互いに通じ合えます。それは相手がどういう状況で何を求めているのかについて、互いに多くの共通認識があるから。

たとえば、オフィスにいて、上司が、取引先のA社と深刻な雰囲気の長電話をしているとします。上司が、その電話を切ったそばから「A社の件って、今どんな感じだったっけ？」と聞かれたとしたら、何か予定外のことが起きているなと察しつつ、返事ができるでしょう。

一方、ローコンテクストなコミュニケーションでは、互いの共通認識が少ないことを前提に、具体的かつ正確に言葉を重ねて伝えていく必要があります。

在宅勤務中に、上司からチャットで「A社の件って、今どんな感じだったっけ？」といきなり言われても、こちらも何から答えてよいかわかりません。

問いかけるときにはその背景と意図も伝えましょう。
「A社とのニュースの件だけど、大きく変更になりそう。A社広報とのニュース文面の作成はどこまで進んでた？」であれば、それを想定して返事ができます。加えて、「ちょうど今、A社から電話があって説明を受けたところで、リリース時期もニュース文面も大きく変える必要がありそう。変更点は〜」といったところを補足すればよいでしょう。

他にも「来週水曜空いてますか？」とだけチャットでメッセージを送られてきても、何の案件かわかりません。
「来週水曜、B社向け提案資料作成の件でオンライン会議できますか？」でもいいのですが、さらに「来週水曜、B社向け提案資料作成の件でオンライン会議できますか？　途中まで作ってみた資料を送りますので、こちらにフィードバックいただきたいのです。特に、予算案について、相談しながら詳細を詰めたいと思っています」と言ってもらえれば、資料を見て会議前に内容を準備しておくことができます。

わかりやすく伝える努力を惜しまないことが、リモートチームのコミュニケーションの大事なポイントです。

ニュアンスは、言葉で伝えよう

ニュアンスという単語には二つの意味があります。
一つは**「言外に表された話し手の意図」**、もう一つは**「表現や微妙な差異」**です。

前者は、たとえば対面でのこんなシーンを想像してみてください。こちらが提案した内容に対して、上司が一言「なるほどねー」と言ってしばし黙る。その一言の態度や声色で、いろんな意味をくみ取ってしまうものです。提案に関心を持ってくれているのか、期待外れだと思われたのか、など。

一方「なるほどねー」とチャットで送られてきたならば、そこには態度も言い方も含まれていないので言葉以上の意図をくみ取ることができません。

リモートワークにおいては、基本はテキストチャットやクラウドツールでの進捗報告を通して業務を進めていきます。業務上のコミュニケーションにおいては曖昧さの排除は、多少失われるスピードを補って余りあるメリットがあると思います。

伝える側にとっては、意図を明確に言語化することで誤解なく話が早く進む。受け取る側にとっては、行間を読むことなく、書かれていることだけをベースに判断すればよいのです。

「なるほどねー」の一言に含まれていない意図を勝手に読み取って、勘違いやすれ違いの元になることもよくあることです。

世代が違うだけでも、文化が異なることによるすれ違いがあるものです。これからさらに世代だけでなく、育った国も環境も文化も異なる多くの人とチームとして働く機会が増えるでしょう。言わなくてもわかると期待するのではなく、伝えたいことは明確に伝えていきましょう。

言葉で伝えにくければ、絵文字もある

ニュアンスのもう一つの意味「表現や感情などの、微妙な意味合い」を伝えたいのであれば、言葉で伝えるのもいいですが、絵文字を使うのも有効です。絵文字も言葉の一種です。こちらの気持ちをカジュアルに伝えられます。

「なるほどねー☺」
だったら、肯定的に受け取ってくれているなと思える。
「なるほどねー☹」
だったら、提案が期待外れだったのかなと思える。

さらに多くのビジネスチャットツールでは、オリジナルの絵文字を追加可能です。会社のキャラクターや製品名に加えて「それな」「ええやん」といった誰かの口癖などを入れておくのも楽しいです。

ハイコンテクストなコミュニケーションは、雑談でやろう

ローコンテクストに言葉で伝えるのが大事。ですが、ハイコンテクストなコミュニケーションを否定しているわけではありません。たとえば雑談は、たくさんの前提条件を共有した上で、さらに互いの意見や情報を交わし合う非常にハイコンテクストなコミュニケーションです。
「丁寧に正確に伝えよう」を意識せず、気楽に無駄話をして笑い合うのはとても楽しく、人間関係を良好に保つ大切な時間です。**雑談は存分にハイコンテクストで、仕事ではローコンテクストでやりましょう。**

045 / 105

ローコンテクストに伝えるためのポイント

1　言葉を省かないようにしよう

オフィスで隣にいるときには「あの件、どうなってたっけ？」という雑な問いかけでも話が通じることもありました。メールであればタイトル、宛先、これまでの会話の経緯が含まれているので、何の話かは伝わります。ですが、チャットで飛んでくる短いメッセージには、これらのような問いかけの背景となるコンテクスト情報が欠けている場合が多いものです。

特にチャットでは、相手に的確に伝え、返信してもらうために、必要な言葉を省略しないことが大事です。以下のような内容が過不足なく含まれているか確認しましょう。

▶メッセージの宛先

多くの人が参加するチャットに宛先を入れずに問いかけた場合、受け取った側は、誰宛なのか不明で自分が対応すべきなのかわからずスルーしてしまうかもしれません。誰に対応を求めているのかを明記しましょう。

NG

【原稿チェック、お願いします】
「月刊リモートワーク」の原稿を共有します。5月7日までに確認いただき、修正箇所があればコメントをお願いします。

→受け取った方は、「これ、私も対応すべき？」と悩んでしまい不明瞭な場合にはとりあえず後で考えよう、と優先順位が下げられてしまうかもしれません。

OK

【原稿チェック、お願いします】
「月刊リモートワーク」の原稿を共有します。5月7日までに確認いただき、修正箇所があればコメントをお願いします。

@s_sato @t_suzuki @m_tanaka @y_suzuki

NG例についても、対応すべき宛先が受け取る側から見て明確ならば問題ありません。

▶主語や目的語

主語や目的語など固有名詞を省かないようにしましょう。

NG

「(テレビ番組への出演依頼のメールを読んで) うーん、テイストが合わないね」

→受け取った方は、「何と何のテイストが合わないの？」と悩みます。

OK
「芸能人がサービスを体験して盛り上げてくれるタイプの番組のようなので、うちの製品とはテイストが合わないね」

直前のチャット投稿から、何の話なのか互いに明確なのであれば問題ないでしょう。ただし、問いかけられた投稿からしばらく時間が経っていたり、他の話題に移っていたりした後に返信する場合には、誤解を招かぬよう必要な言葉は省略せず伝えた方がよいでしょう。

▶背景や意図や目的

問いかけた相手に素早く判断してもらうためには必要な背景情報、意図などをまとめて提供するのがよいでしょう。

NG
「新機能リリース時のマニュアルへの記載、どうしましょう。既存機能と使い方が大きく違うんですよね」
→受け取った方は、この情報だけだと既存機能とどう違うのか、マニュアル上でどんな見せ方の選択肢があるのかわかりません。

OK
「@s_sato　新機能のマニュアルの記載の仕方について相談です。既存の機能と違って、利用前に設定が必要です。他の

郵便はがき

おそれいりますが切手をおはりください。

102-8519

〈受取人〉

東京都千代田区麹町4-2-6 9F

株式会社 ポプラ社

一般書編集部 行

お名前 (フリガナ)

ご住所 〒

TEL

e-mail

ご記入日 年 月 日

ご愛読ありがとうございます。

読者カード

●ご購入作品名

[　　　　　　　　　　　　　　　　　　　　]

●この本をどこでお知りになりましたか？

1. 書店（書店名　　　　　　　　　　）　2. 新聞広告

3. ネット広告　4. その他（　　　　　　　　　　）

年齢　　歳　　　　性別　男・女

ご職業　1.学生(大・高・中・小・その他)　2.会社員　3.公務員

4.教員　5.会社経営　6.自営業　7.主婦　8.その他(　　　)

●ご意見、ご感想などありましたら、是非お聞かせください。

....

....

....

....

....

....

....

....

●ご感想を広告等、書籍のPRに使わせていただいてもよろしいですか？

(実名で可・匿名で可・不可)

●このハガキに記載していただいたあなたの個人情報（住所・氏名・電話番号・メールアドレスなど）宛に、今後ポプラ社がご案内やアンケートのお願いをお送りさせていただいてよろしいでしょうか。なお、ご記入がない場合は「いいえ」と判断させていただきます。

(はい・いいえ)

本ハガキで取得させていただきますお客様の個人情報は、以下のガイドラインに基づいて、厳重に取り扱います。

1. お客様より収集させていただいた個人情報は、よりよい出版物、製品、サービスをつくるために編集の参考にさせていただきます。
2. お客様より収集させていただいた個人情報は、厳重に管理いたします。
3. お客様より収集させていただいた個人情報は、お客様の承諾を得た範囲を超えて使用いたしません。
4. お客様より収集させていただいた個人情報は、お客様の許可なく当社、当社関連会社以外の第三者に開示することはありません。
5. お客様から収集させていただいた情報を統計化した情報（購読者の平均年齢など）を第三者に開示することがあります。
6. はがきは、集計後速やかに断裁し、6か月を超えて保有することはありません。

●ご協力ありがとうございました。

似た機能と並列に並べると誤解されそうなので、ページを分けるか、同じページ内で囲み枠にするのはどうでしょうか」

2　正確に伝わる言葉を使おう

以下のような、何を表しているのかが不明瞭な言い方には気をつけましょう。

▶期間

火曜日に「1週間くらいで資料をいただけたら助かります」と言われたとします。この場合の1週間とは、今週の金曜日までなのか、来週の火曜日でよいのか悩みます。「来週の火曜までに資料をください」であれば明確です。
「少し早めにお集まりください」も同様で、「15分前にお集まりください」の方が相手を迷わせません。

▶どちらの意味にも解釈できる言葉

「わかりました」「大丈夫です」などは、文脈によってYESともNOとも取れる言葉です。
「提案いただいた内容で進めます」「Aさんの意見に賛成です」など、受け取る方の気持ちになって、解釈を迷わせない言葉遣いにしましょう。

▶専門用語

社内でのみ使われる用語や略語は、辞書を作って共有しておくとよいでしょう。

3　話の目的を話そう

「なんだか最近、A製品のプロジェクトが停滞しているんですよね」とチャットで話しかけられたとします。話しかけられた方は、改善策を求めているのか、手伝ってほしいのか、それとも自分のメンタルがしんどいことを理解してほしいのか、話し手の意図が読み取れず探りながら会話を続けることになります。

意図が不明瞭なまま話が続くと、話しかけられた方はモヤモヤのまま。声をかけた方は、何かを察してほしいという気持ちを持っているかもしれませんが、言わなければ伝わりません。

チャットで誰かに話しかけるときには、目的を最初に共有しましょう。相談に乗ってほしいのか、承認してほしいのか、フィードバックを求めているのか、要求があるのか。まずそれを伝えることで、目的を理解した上で話ができます。

4　わからないときは、それをそのまま伝えよう

自分の頭の中で課題が整理できず、誰に何をどう聞けばいいのか、さっぱりわからないときもあるでしょう。自分一人では整理できない課題をずっと抱えていても解決しません。そういうときは、上司やメンターに聞いてしまいましょう。

「A社案件で、再提案を依頼されているんですけどどこから進めれば良いかのとっかかりすら見えません。まずは状況を整理したいので話を聞いてもらえますか」

リモートだとうまくいっているのかいっていないのか、ちゃんと開示しないと外からはわからないもの。整理されていないからと言って、質問を控えなくてもよいと思います。対話しながら課題解決することも必要です。

5　返事には理由も添えよう

チャットに返事をする際には「良いですね」といったYES・NOだけではなく、判断した理由も添えましょう。理由がわかれば、次回の判断のスピードアップにつながります。

「想定通りの予算感なので、良いと思います」
「今週中の対応は難しいです」
「○○さんが以前似たようなリクエストに対応していたはずだから、彼に聞いてみてください」

6　1投稿1トピックにしよう

チャットでは、一つの投稿には一つのトピックにするのがオススメです。

たとえば以下のように三つのトピックを1投稿でまとめて送ったとします。

「来週のオンラインセミナーのURLを発行しました。8月19日の13:30～15:30の時間を確保しています。参加者へのURLの連絡については、セミナー前日と当日朝に申込者へのみメールで連絡するつもりです。セミナーのタイトル案については以下3案考えているのですが、どうでしょうか」

受け取った方が「時間はOK。URLの連絡方法については追加で申込確認メールにも入れた方が良い。セミナータイトル案はもう少し練り直す必要がある」と3つの意見があったとしても、「タイトル案は要変更で」とだけ返すことがあります。

これを受け取ったほうは、他の項目はすべて了承したものとみなし、後で行き違いが起こる可能性があります。

さらに別の人は最初の二つはOKだけど、タイトル案にだけ意見したいこともあるでしょう。

このように、複数のトピックに対して複数人の意見が入り乱れていくと、どれに対しての返信かわからず、話がごちゃごちゃになります。

「来週のオンラインセミナーのURLを発行しました。以下、3点確認ください」
「日時は8月19日の13:30〜15:30の時間を確保しています」
「参加者へのURLの連絡については、セミナー前日と当日朝に申込者へのみメールで連絡するつもりです」
「セミナーのタイトル案については以下3案考えているのですが、どうでしょうか」

トピックごとに分けて投稿した場合には、それぞれに対して個別に反応をもらいやすくなります。

ローコンテクストなコミュニケーション

1. 言葉を省かないようにしよう
2. 正確に伝わる言葉を使おう
3. 話の目的を話そう
4. わからないときは、それをそのまま伝えよう
5. 返事は理由も添えよう
6. 1投稿1トピックにしよう

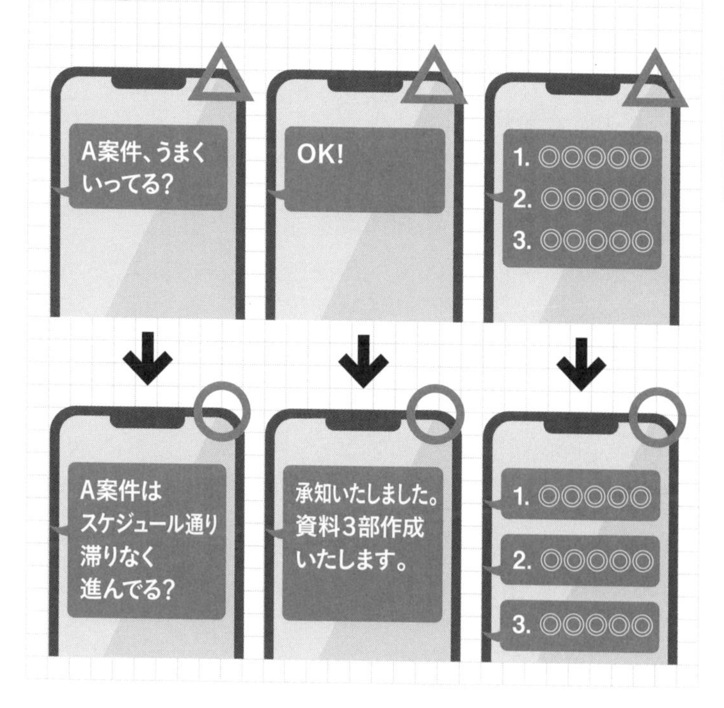

046 / 105

わからなければ遠慮なく聞こう

シックス・アパートでは、行動指針として、コミュニケーションの大事なポイントをまとめています。

Code of Conduct（行動指針）

- 相手を尊重し、信頼しよう
- 伝えないと伝わらない、伝える努力は惜しまない
- 悩むより、行動しよう
- 思いやるより、直接聞こう
- 先入観を持たずに、聞いて話そう
- アウトプットと人格は別、相手を否定するのではなく、合理的に議論しよう
- なるべくオープンに、なるべく率直に

社員同士が信頼しあっていることをベースに、さらにそれぞれが丁寧に正確に伝えようと努力はしている上で、**意図がつかめないときや、追加の情報がほしいときは、遠慮なく聞くようにしています。**

たとえば上司に「来週のＡ社との会議用に、先日の新製品

ニュースのメディア掲載記事をなるべく多く印刷しておいてください」と言われたとします。

これだけだと「なるべく多く」の意味がわかりません。

参加者が多いから「部数」がたくさん必要なのか、それとも十数社のメディアに掲載された「記事」をなるべく種類多く印刷してほしいのか、あるいは「両方」なのか。

でも、わからなかったら上司に聞けばよいのです。

自分「了解です。新製品ニュースは十数社のメディアに掲載されましたが、そのうち主要な記事を3〜4記事見繕って、20セットくらい作っておけばよいでしょうか」

上司「いえ、1セットでいいです。『こんなにたくさんのメディアに載りました』を見せたいのです」

自分「なるほど、了解しました！」

このようにわからないことがあれば遠慮なく聞きましょう。

聞かれた方も「常識的に考えればわかるでしょ」と受け取らず、次回以降相手にわかってもらえなかった部分に気をつけて、お願いするようにしたらよいと思います。

対面であれば当たり前にやっている事かもしれませんが、チャットや音声メインのやりとりでは、つい忘れがちかつ思い込みで動きがちになります。注意しましょう。

047 ／105

非同期コミュニケーションを活用しよう

相手が常に即座に返信してくれることを期待しない

リモートワークでは相手の姿は見えません。だから、チャットで話しかけたときに相手がすぐに返信できる状態かはわかりません。会議中かもしれないし、移動中かもしれないし、別件で急ぎの作業に追われてチャットをしばらく見られない状態かもしれません。**チャットでメッセージを送った後、即座に返事が来ることを、「毎回、常に」期待するのは控えましょう。**

メールと同じです。自分も別の作業をしながらそれを待てばよいのです。ただし、緊急の場合にはいつまでに回答が必要なのかは明確に伝えましょう。「なるはやで」のような曖昧な締め切りではなく、何日の何時までにと明示しておきましょう。

急ぎで返信がほしいときは、チャットのメッセージに「急ぎです！」と明確に記載しつつ、通知を送りましょう。

「@m_tanaka さん、この原稿の確認、本日中に先方に戻す必要があります。1時間以内に確認お願いします」と伝えれば、相手のパソコンやスマホに通知が届き、別の作業中でも気づいてもらいやすいです。

「そこまで急ぎじゃない。けれど、しばらく待っても返事がこない。こちらのメッセージを見落としているのかな？」ということもよくあることです。

チャットは次から次へと新しいメッセージが投稿され、過去のものはすぐにスクロールの彼方に消えていってしまうもの。そういうときは「@m_tanaka さん、リマインドです。資料提出の件、明日締め切りです。お手数ですが宜しくお願いします！」と直接呼びかけ、リマインドしましょう。

常に同期的コミュニケーションを求めない方がよい理由

会って話したり電話したりオンライン会議を行うような、その場でぽんぽんと対話が行われる同期型コミュニケーションに対して、メールやビジネスチャットのような時間差でやりとりが行われるものを**「非同期コミュニケーション」**と言います。

同期コミュニケーションでは互いの時間を拘束しますが、非同期コミュニケーションではそれぞれが都合の良いタイミングで返事しながら会話が進みます。

「社員の姿が見えないから、ちゃんと仕事をしているか心配だ。こちらがチャットで話しかけたときはすぐに返事をして仕事をしている姿勢を見せてほしい」という人がいます。

それに応えるために、社員に常にチャットに即レスできる状態を求めるとしましょう。そうすると、社員は常にチャットに張りついてチェックしていないといけません。

すべてのメッセージに即レスしていたら、仕事は進みません。

気づいたタイミングではなるべくすぐに返信しよう

非同期コミュニケーションだからといって、いつまでも返信しなくていいわけではありません。**作業と作業の間には必ずチャットを確認する癖を付けて、自分宛メッセージに気づいた段階ですぐ返信することを心がけましょう。**

通知が来た場合には、作業中でも通知の内容だけは横目でさっと確認。急ぎであれば手を止めて対応する。そうでなければ通知だけ見てチャットは未読のままにしておいて、今の作業が終わった後の対応にしましょう。

こちらが返信した後、追加の質問が来たら、即座に返信する同期的なコミュニケーションにシームレスに切り替えられるのもチャットの良さです。相談事項を進めているうちに、チャットのやりとりよりもオンライン会議をセットして画面を見ながら話した方が、話が早いとなったら、オンライン会議に切り替えてもいいのです。

挨拶だけ送って返事を待つ必要はありません

「お疲れ様です。一つ、相談があります」とメッセージを送り、返事を待つ……こういう情報量の少ないメッセージはなるべく控えましょう。

このメッセージを受け取る側の気持ちを２パターン考えてみましょう。

一つは、メッセージを通知で受け取ったときのパターンです。画面の端に「相談があります」と、一言メッセージ。「何の相談？」と思いながら、手元の作業を進めつつ続きのメッセージを待つも一向に来ない。緊急なら即返事をするけど、その判断材料が一切ない。もう仕方ないから手を止めて「何のご相談でしょうか？」とこちらから聞こう、となります。

もう一つは、タイムラグがあってメッセージを見たときです。作業の合間にチャットを確認しに行ったら「相談があります」とだけメッセージ。そのメッセージが送られてから、かれこれ1時間は経っている。「はい、何のご相談でしょうか？」と返事。そしてさらに返事を待つことになります。

メールだったらこんな風にもったいぶらず、最初の一通で本題の相談を送りますよね。メールと同じように、チャットでも最初からこちらからのリクエストを送ってしまって大丈夫です。「お疲れ様です。一つ、相談があります。来週のニュースに添付する画像の件ですが、ドラフトをお見せするのが金曜になりそうです。間に合いますでしょうか？」と、要件を最後まで言い切ってから返事を待ちましょう。

コアタイムを設定しよう

こまめにチームメンバーとやりとりをしながら進める必要がある業務では、すぐに返事が必要なこともあるでしょう。

その場合は、たとえば「10時～12時と13時～15時には、議論や雑談などコミュニケーション優先のコアタイム」と設定するのもいいと思います。**コアタイムは、送られてきたメッセージにはできる限り即対応。それ以外の時間は自分の作業に集中できる時間**、とメリハリを付けるのです。

048 ／105

緊急で連絡を取りたいときの手段を決めておく

緊急事態で一刻も早く連絡を取らねばならないときもあります。いつもどおりビジネスチャットでメッセージを送って返事がすぐに来なかったときの連絡手段を考えておきましょう。

起きそうな緊急事態を想定してみてください。そのとき、真っ先に連絡を取りたい人は誰ですか？　その人への連絡方法を複数思いつきますか？　どこを調べれば、誰に聞けばわかるか、すぐに出てきますか？
「普段連絡を取っている手段（電話／ビジネスチャット／メール）以外の連絡手段を知らない！」と思った人も多いかもしれません。**同じチームのリーダー、メンバー、上司など緊急時に連絡を取る必要がある相手とは、緊急時の連絡手段を決めておきましょう。**

緊急時の連絡手段は人によって異なるので確認しておく

緊急時にどんな手段で連絡してほしいかについては、個人の状況や立場によって異なります。

「緊急時の連絡先は、社用携帯宛でお願いします」

「個人の携帯電話番号にかけてくれても大丈夫です」
「ビジネスチャットにダイレクトメッセージをくれたら、個人のスマホにも通知が来るようにしているので気づいてすぐに返事します」
「夕方以降はLINEに連絡してくれた方が気づきやすいです」
「スマホにかけてつながらなかったら、自宅の固定電話にかけてくれて問題ありません」
「業務時間内なら、ビジネスチャットに通知をくれれば素早く反応するようにします。業務時間外の連絡は、なるべく避けてほしいです。できれば上司にまずは相談してください」

それぞれ希望を出してもらった上で、連絡する側の都合も踏まえてすり合わせを行います。緊急連絡手段と連絡先が決まったら、それをまとめた共有ドキュメントを作りましょう。

業務上必要な連絡手段ですが、個人情報でもあるので、共有範囲にはご注意ください。

「多種多様な緊急連絡先と連絡手段の共有なんて面倒だ」と思われるかもしれません。

でも、緊急時の連絡先の共有はリモートワークに限らず必要なことです。日中出かけている人もいますし、帰社後の業務時間外に緊急事態が発生することもあります。

一人ひとり異なる働きやすい環境を維持するために、普段の連絡手段とあわせて、緊急時の連絡手段についても決めておくことは重要だと思います。

049／105

オンラインでもたくさん雑談しよう

雑談専用チャンネルはちょうどよい息抜き場所

丁寧で正確なコミュニケーションも重要だけど、互いの状況を共有している同僚同士での気楽な雑談や無駄話も必要です。

ビジネスチャットの雑談用のチャンネルは、誰かが話題のニュースを引用して意見していたり、新製品情報に対してコメントしたりスタンプを送り合ったりして気楽に楽しむ場所です。

シックス・アパートのビジネスチャットの雑談チャンネルには、Pokémon GO、野球、自転車、映画、ガジェットなどのテーマごとのチャンネルがあって、話題があるときにはそれぞれにぎわっています。

ダイレクトメッセージでの雑談も

仲の良い同僚にダイレクトメッセージで「調子どう？」「Aさんの家の近くにできたもつ鍋屋、良さそうじゃない？」みたいな気楽なメッセージを送り合うこともしょっちゅうあります。

チャットの良いところは、自分宛にメッセージが来ていても、雑談に乗りたい気分だったら即返信すればいいし、作業中でそれどころじゃなければ手が空くまでほうっておいていいのも気楽なところです。一人作業で行き詰まっているとき、誰かと気楽な話をすると、気が紛れるのもよくあること。

ビジネスチャットならば、隣にいなくても、いつ話しかけてもいいし、いつ返信してもいいので気楽です。

独り言チャンネルを設ける

ビジネスチャットに社員ごとに専用のチャンネルを作って、今やっていることや考えていることを気楽につぶやける場所を設けている会社もあります。

これを日報ならぬ**「分報」**と言います。

「#times_tanaka」のような、分報専用の接頭辞「times」と自分の名前を組み合わせた名前のチャンネルを作り、そこにメインで書き込むのは自分のみ。誰でも読みに来て、いつでもコメントしてくれていい。そんな場所です。ビジネスチャット上に、Twitterの自分のタイムラインを作るイメージです。

わざわざ誰かに話しかけるほどでもない。ちょっと息抜きにつぶやきたいだけ。誰かが反応してくれてもうれしいし、スルーしてくれてもいい。そういうときに便利です。スタンプで互いにはげまし合ったり、詰まっていることを書いたら誰かがコメントをくれたりすることが、気持ち的に大きな支えになります。

自分の仕事が途切れたときにも同僚の独り言チャンネルを見に行って、スタンプやコメントで反応するのも良い気分転換です。みんながんばってるんだな、自分もがんばろうという気持ちになれることも多々あります。

ゲーマー向け音声チャットDiscordで雑談しよう

一人暮らしの人は、オンライン会議以外一言もしゃべらず一日が終わることもあるかもしれません。そんなときにはゲーマー向け音声チャットサービス「Discord」をチームで使ってボイスチャットで雑談しながら仕事をする手もあります。

Discordにログインしている間は気軽に話しかけていいよというサイン。こちらはミュートにして同僚の雑談を聞いているだけでもいいし、話しかけられたらミュートを解除して雑談に参加するといった使い方もできます。

オンラインランチやおやつ会を開催しよう

オンライン会議ツールを使ってオンラインランチ会やおやつ会を開催するのもよいと思います。

ご飯やお菓子を食べながら雑談するだけでもいいし、オンラインクイズアプリやオンラインゲームなどを用意するのも楽しいと思います。

SNSも息抜きに

雑談の相手は社内だけとは限りません。**会社のルールにもよりますがSNS利用OKな会社であれば、SNSに投稿したり記事をシェアしたりするのも良い息抜きになるでしょう。**

ちなみにシックス・アパートでは、ソーシャルメディア利用ガイドラインを設けています。このガイドラインに従った上で業務時間中であってもSNSで情報収集や発信することは自由です。

SNS上で同僚と雑談していることも多々あります。

雑談が好きなタイプじゃないなら無理しなくていい

いろいろ紹介してきましたが、みんながみんな雑談に乗るタイプの人じゃなくていいと思います。絵文字も無理に使わなくていいし、必要なことをきちんとやってるだけで十分です。

仕事への貢献は、行動や姿勢でちゃんと伝わります。

050 / 105

ビジネスチャットならではの良さがある

誰とでも話せるのもビジネスチャットならでは

今までオフィスでやってきたコミュニケーションと全く同じことをビジネスチャットで再現することはできません。

ですが、みんながビジネスチャットになじんで使いこなせたら、リモートチームならではの新しいコミュニケーションが生まれます。

たとえば偉い人に話しかけたくても、社長室に閉じこもっていたり他社訪問でほとんどオフィスに顔を出さなかったりして、声をかけるチャンスをつかみにくいのはよくあることです。でも、ビジネスチャットならばいつでもメッセージを送れます。

誰かの雑談にふらっと入る機会も、雑談チャンネルや個人ごとの分報で作れます。多くの方と円滑に対話できる能力を「コミュニケーション能力（コミュ力）」とよく言いますが、対面でのコミュ力が高い人ばかりではありません。

オフィスでの対面のリアルタイムの会話よりも、テキストでのチャットの方が落ち着いて気楽に会話できる人もいるはずです。オフィスワークの大半は対面でのコミュ力が高い人が圧倒的優位でしたが、そうでなくとも活躍できる人が増えるのは良いことです。

リモートであっても直接会って対話する時間もある上で、さらに、非同期にやりとりできるテキストチャットの良さを活かしたコミュニケーションが加わると考えてみてください。

「リモートワークとは選択肢が増えること」と本書では伝えていますが、コミュニケーション手段においても、対面を否定しているのではなく、それに追加してテキストチャットの良さを活かした新しいコミュニケーションの選択肢が追加されるのです。

縁の下の力持ちにちゃんと感謝を伝えよう

開発チームやセールス、マーケティングは日々わかりやすい活動や成果を発信しやすいポジションですが、総務などバックオフィスや基幹システム担当、ITチームといった縁の下の力持ちチームの皆さんの活躍はアピールしどころが少なく目立たないことも多いかもしれません。でも、リモートで安心して働ける環境を作り維持してくれているのは彼らです。

ペーパーレスを進めていても必ず発生する契約書の捺印や郵便といった紙対応、いつでも使えるようにするオフィスファシリティの管理、各種リモートワークに必要なツールやシステムのメンテナンスと運用など、常に気を配ってくれています。

何事もないときは目立たない、何かトラブルのときだけ矢面に立つ人はリモートワークだとなおさら見えなくなりがちです。

各種ツールがストレスなくスムーズに利用できているときこそ、感謝を伝えましょう。

透明性は高く。なるべくオープンに投稿しよう

メールは宛先に入っている人しか見られませんが、チャットのオープンチャンネルの投稿はチーム内の誰でも見ることができます。投稿を辿っていくことで、組織の中で誰が何に取り組んでいるか、どんな議論が行われているかを把握できます。

途中からチームに加わった人にとっても、大量の過去の知見の蓄積にアクセス可能です。

この透明性を維持するためにも、**特定の人しか見られないクローズドチャンネルや、DM（ダイレクトメッセージ）の利用は、機密情報や人事情報、個人的なやりとりなど最小限にするのがよいと思います。**

タイピングミスには寛容に

チャットの議論が盛り上がってくると、互いに勢いよくばーっとタイプした短いメッセージの応酬になります。そういうときは誤字脱字もよくあるもの。

間違えたら即編集して直せばいいし、相手の変換ミスも何が言いたかったのかが伝わったのであれば、いちいち指摘しなくていいと思います。

通知をどう受け取るかは自分で決めよう

ビジネスチャットの通知は、自分宛のメッセージに素早く気づける良さもありつつ、集中作業の邪魔にもなります。通知を

どう表示するか、いつ表示するかのコントロールは、受け取る側で設定しましょう。集中タイムは一定時間「Do not disturb」モードにして通知オフ、ビジネスアワー以外も通知オフにするなどの設定が可能です。

「いいね」はたくさんしよう

ビジネスチャットでの誰かの発言に対して「いいね」と思ったら、言葉やスタンプ、絵文字で積極的に伝えましょう。

朝礼をしよう

毎日必ず1回は発信するために、朝礼をしよう

主体的な発信も誰かのメッセージへの反応もしないままだと、いつの間にか社内のメンバーから見えない人になってしまいます。黙っていたいわけではないけれど、報告できるほどのアップデートがないこともあるでしょう。

逆に、チームメンバーがほとんど発信してくれないから、様子が見えないと思うこともあるかもしれません。そんなとき、毎日みんなが何かしら必ず発信するための方法として、オンライン上での朝礼を設けるのは有効な手段です。

シックス・アパートでは、チームの各メンバーのタスクとその進捗を共有するために、ビジネスチャット上で、毎日朝礼タイムを設けています。毎朝10時台に、ビジネスチャットのチームごとのチャンネル宛に自動でこんな投稿が流れます。

「@here Please share your tasks, suggestions or questions」

※タスク・提案・質問を共有してください　の意味

この投稿に対して、チームメンバーはそれぞれ今日取り組む業務の予定や課題の共有などを書き込みます。雑談的な一言を添える人もいます。

たとえば、このような内容を書いています。

「1. ○○機能の動作確認とマニュアル作成
　2. 来週のメンテナンスのための準備
　を今日は進めます。午後から大雨らしいので午前中のうちに買い物に出る予定」

「今日はオフィスの会議室で来週のイベント登壇のリハーサルをやってます。会議室が空いていたので長めに予定を確保してますが、緊急で会議室を使う必要があれば譲りますので言ってください。明日午前中は通院でお休みします」

「明日のニュースリリース最終調整中です。コメントある方は今日中にお知らせください。エアコンが壊れて暑くて溶けそうなので、西新宿のコワーキングスペースに避難して仕事してます」

会社によってはこのようなチャットでの報告ではなく、毎朝定時にオンライン会議を開催して、それぞれ顔を出してしゃべって報告を行うオンライン朝礼を行っているそうです。

052 / 105

集まるときは、美味しいご飯が必須

コミュニケーションのために集まるときは美味しいご飯は必須だと思います。

カンパニーとは「ともに（com）パン（panis）を食べる仲間（y）」が由来なのだそう。ご飯を作るのも食べるのも大好きなシックス・アパートのメンバーが集まるときも、いつもその中心に美味しいご飯があります。

シックス・アパートは、以前から集まってみんなでご飯を作って食べる機会の多い会社でした。たこ焼き・お好み焼き・餃子の粉もんパーティー、軍鶏・はも・あんこう鍋会、お花見の季節は外でサンドイッチ会など、毎回趣向を凝らして開催していました。

ポイントは「みんなで作る」ことです。たこ焼きパーティーのときは、オフィスに社員私物のたこ焼き器を2台持ち込み、料理好きの社員の自家製生地にその場でカットしたさまざまな具材を入れてみんなで焼いていきました。

みんなで分担しつつ作業してでき上がった食べ物を前にすると、話は尽きません。普段はみんな別の場所で働いている今は、共食の場でのコミュニケーションの価値がさらに高まっています。

最近では、オフィスに集まれない分、キッチン付きパーティースペースを借りてパーティーを開催しています。

全社員が15時に集まり、前半は社員総会を行います。17時には会議などを終えて、懇親会の時間です。CTO（最高技術責任者）が腕を振るってハーブたっぷりのトスカーナフライドポテトを大量に揚げ、みんなで食べながら交流を深めました。このフライドポテトはシックス・アパート社員の定番レシピになっています。

他にも吉祥寺のデザイン家具のショールームをコワーキングスペースとして利用したり、社員の知人が経営する幡ヶ谷の居酒屋の開店前の時間を借りて社員数人が集まって雑談しながら仕事することもありました。

オフィスが小さいからこそ、あえていつもと違う雰囲気の場所にイベント的に集まることで話が盛り上がります。もちろん、ランチタイムにはその地の美味しいものを食べに行くことも必須です。美味しいものは、楽しい時間には必須です。

COLUMN #4

オフィス外で働くコストをカバーするSAWS手当

毎月1.5万円のSAWS手当を支給

リモートワークになると今までオフィスで利用していたものをすべて自分で用意する必要があります。

仕事しやすいデスクやイス、モニターやマウスやキーボードなどの周辺機器、通信費や光熱費に加えて、忘れがちですがトイレットペーパーの減りも早いのが在宅勤務です。他にも、コワーキングスペースの契約料や、カフェワークのお茶代など、こまごまとお金がかかります。

シックス・アパートでは「SAWS」を開始した2016年から、このリモートワークにかかる費用を補填するため、毎月1.5万円の「SAWS手当」を全社員に支給しています。

SAWS手当とは？

SAWS手当とは、家やコワーキングスペース、カフェなどで働くことにかかる出費を補填するための手当です。全社員一律で、毎月1.5万円支給されています。SAWS手当のポイントは、使途自由＆申請不要であることです。

SAWS手当の使いみち

会社から全社員にパソコン貸与はもちろん、業務に応じて必要な人には携帯電話、スマホ、タブレット、モバイルWiFiなどを貸与しています。必要な機材は提供されている上で、自宅やリモートで働くために必要なものに自由に利用できるのがSAWS手当です。通信費と光熱費に充当するのはもちろん、デスクやイスなどワークスペース作りにも使えます。コワーキングスペースのスポット利用料金やカフェ代に使う社員も多いです。

シックス・アパートのメンバーに聞いたところ、他にもこんな使い方がありました。

- ☑ 数ヶ月分の手当を使って木材を買って、棚付きのデスクをDIY
- ☑ 良いメッシュルーターを設置して家中すみずみまで高速通信できるようにした
- ☑ 見やすい位置にモニターを置くためにモニターアーム購入
- ☑ 姿勢良く座るための腰痛対策クッション購入
- ☑ 近所のコワーキングスペースに通うための自転車購入

申請はいりません

自宅の光熱費や通信費のうち、業務利用分を按分するのは難しいもの。カフェ代なども細かく申請するとなると、申請者にも承認者にも負担です。なので、シックス・アパートでは、SAWS手当を何に使っているかの申請は一切不要にしています。申請不要なのもあって、自分が快適に働くために必要だと思えば遠慮なく何にでも使えるのがよいところです。

SAWS手当の原資について

この手当の原資は二つあります。

一つは、オフィスにかかるコストです。2016年の夏に120坪以上あった赤坂オフィスから、30平米の神保町オフィスに移転しました。家賃・光熱費を含めるとだいたい4分の1くらいのコスト削減になっています。

もう一つは、通勤手当を定期代支給から実費分のみ支給（出社した日の通勤費を実費精算）に切り替えたことです。大半の社員は月数回しか出社しないので、定期券は不要になりました。現在は、出社した日の分の通勤費を実費で支給しています。もちろん、他社訪問など業務外出の交通費についても、実費精算しています。

SAWS手当の金額はどう決めた？

上記の原資の金額から計算しているのに加えて、かかりそうなコスト面からも考えました。自宅の光熱費・通信費の業務利用分として数千円＋環境作りのアイテム購入などを考えてざっくり1万円/月と考えました。

手当からは税金が引かれて手取りが少なくなるので、それも考慮してシックス・アパートでは1.5万円/月にしています。

Chapter 5

オンライン会議のコツ

18

053 / 105

すべての会議をオンラインでやる必要はない

オンライン会議のノウハウについて語る前に、共有しておきたいことがあります。それは、「**すべての会議をオンラインでやる必要はない**」ということです。

コロナ禍での緊急事態宣言をきっかけにリモートワークを始めた方にとっては、「可能な限り、誰とも会わずに仕事を進めるのがリモートワーク」と考えていらっしゃるかもしれません。

でも、誰とも会わずに仕事を進めることが必要なのは、コロナ禍など本当の緊急事態の一時期だけのことです。普段は離れて働いているリモートチームだからこそ、会うべきときはちゃんと会って話す機会を設けることはとても大事です。

直接顔を合わせて、交流するのはリモートチームをうまく運営していくための関係性作りのためにも大事です。

たとえば、こんな話をするときはオンラインで行うよりも、会って話す方がよいでしょう。

- ☑ 新人さんの入社歓迎など、互いにこれから信頼関係を作っていくための初顔合わせ
- ☑ 新プロジェクトに参加するメンバーのチームビルディング

☑ まだ固まってない企画の方向性をみんなで議論しながら決めていくブレスト
☑ 実際に手で触って動作や質感などを確かめる必要がある、または形あるものについて議論するとき
☑ 締め切り直前の追い込みやトラブルなどの緊急時、コミュニケーションロスを最小限に抑えるべく膝をつき合わせて一丸となって進めるべきとき
☑ 人事関連など、センシティブな話をするとき

一方で、報告メインの定例会議や、情報交換のためのミーティングなどリモートでも十分進行できる会議や打ち合わせもたくさんあります。

他にも、大雪や大規模スポーツイベントによる交通混雑が見込まれるときなど、どうしても集まれない、リモートでやらなければいけない時期もあります。

これまで、会議とは直接会って行うのが当たり前でした。これに、実際に会わなくても会議ができる選択肢が加わったのです。

集まった方がよいときは、積極的に集まる。普段の会議はリモートで行う。リモートでやるしかない時期もある。ならば、できる限りリモートの良さを活かしたオンライン会議を行いましょう。

054／105

オンライン会議ならではの利点を活かそう

オンライン会議で画面越しに得られる表情や視線といった非言語的な情報は、どうしても限りがあります。

シックス・アパートのオンライン会議では、態度ではなく言葉で明確に伝えることを意識しています。さらにツールの機能を活用した以下のような工夫をしています。

オンラインならではのやり方で発言を求めよう

オンラインの会議では、参加者が会議に積極的にコミットしやすくなる仕掛けが必要です。

実際に集まる会議であれば、1トピックごとに「最後にこのトピックについて、追加の質問やご意見はありますか？」と問いかけ、返事を待ちますが、オンラインでしかも大勢が参加している会議では、質問したくても「一番手が自分でいいのかな？」と空気を読みつつ、声を出すのは勇気がいります。

話した内容がちゃんと伝わっているかは、受け取る側の皆さんの顔の表情で判断するのではなく、直接聞きましょう。

オンラインならではのやり方で、参加者に反応を求める方法があります。そのためには、進行役であるファシリテーターの役割がとても大事になります。

議論と同時並行で、テキストチャットで意見を集める

誰かが発表を行っている途中で口を挟むことは遠慮してしまうもの。ですが、チャットでなら誰かが話をしている途中でも話の腰を折らずに質問や意見を送れます。

たいていのオンライン会議ツールにはテキストチャット機能が内蔵されているので、これを活かしましょう。

参加者がチャットツールに慣れていない場合は、練習として会議冒頭にチャットに発言してみる時間を取るとよいでしょう。接続確認を兼ねて、こう案内してみてはどうでしょうか。

「皆さん、映像・音声共に問題なく届いていますでしょうか。届いている場合は、画面の右側にあるチャットに『問題なし』と一言書き込んでください。チャットが見えていない方は画面下部に吹き出しのマークのボタンがあると思います。そのボタンを押せば出てきます。チャットでの発言の練習も兼ねていますので、ぜひやってみてください」

そして一通り全員がチャットを試したところで、「ご協力ありがとうございました。議論の最中でも、質問があればチャットに投稿してください」と促しておきます。

オンライン会議のファシリテーターは、メインの画面で行われている議論に加えて、サブ画面のチャットの動きにも目を配

ることが大事です。良いタイミングで、チャットからピックアップした質問を取り上げて、議論を深めていきましょう。

十分な意見が出ていないと思うのであれば、「今から3分ほど時間を取ります。ご質問があればチャットに投稿してください」と、質問タイムを取るのもよいでしょう。

声を出しての発言は同時に一人しかできません。でも、チャットであれば、参加者全員に一気に投稿してもらうことが可能です。

匿名で投稿できるツールを併用

より多くの率直な意見を集めたい場合や無記名で採決を行いたい場合には、匿名で投稿できるツールが便利です。

たとえば、「petari」というウェブサービスは、Roomと呼ばれるページを作り、その中でみんなが自由に付箋に書き込んで好きな位置に貼ることができます。

URLを知っている人は誰でも参加でき、付箋に書き込んで貼るだけのシンプルな機能であるため、利用のハードルがとても低いのが特長です。オンラインディスカッションのサポートに最適です。ただし、URLを知っていれば誰でも入れるため機密情報のやりとりにはオススメできません。

英語版のツールですが、オンラインコラボレーションツール「Miro」の有料版であれば、匿名のゲストユーザーとともに、ボードをみんなで編集し、コメントを追加することができます。

付箋を貼りながらのブレストやマインドマップ、カスタマージャーニーマップなど多数のテンプレートが用意されています。UIが英語版なので慣れが必要です。ただしこちらもログイン不要の匿名ユーザーを許可するとURLが漏れてしまったら関係ない方が入ってきてしまうかもしれません。URLの管理にはご注意ください。

録画を残せる

オンライン会議では、会議の模様を簡単に録画し共有することができます。下記のような会の模様は動画で残しておくとさまざまな形で活用できます。

▶研修や社内セミナー

参加できなかった人に共有するのはもちろん、後から復習したいときの教材にもなります。

▶業務ツールの利用方法説明

新しいツールを導入する際、そのツールの使い方やルールについて担当者から説明を受ける機会があるでしょう。その説明を録画しておけば、そのまま動画マニュアルになります。

▶トップによる方針演説

会社員たるもの、トップが示した方針については押さえておかねばいけません。当日参加できなかったら後から録画でチェックしましょう。倍速再生もできます。

▶お客様対応の記録

お客様の許可を得て録画や録音しておくと、サポートのやりとりの経緯など、詳細な記録を簡単に残せます。

▶商談

営業に同行しなくても、実際の営業トークを動画で参照できます。新人のセールスパーソンにとってリアルな教材になるでしょう。

ただし、機密の情報がたっぷり詰まった動画データの取り扱いには注意しましょう。会社の機密情報管理ルールにもよりますが、パソコン内に保存せず、安全な社内ファイルサーバーに保管するのも対策の一つです。

話した方が早いときは、1対1でクイックコール

チャットでやりとりするよりも、画面共有して会話しながら改善策を探る方が、話が早いことも多いです。
「今日この後どこかで、15分ほど時間とってもらってもいいですか？　カタログのデザイン案について相談しながら詳細を詰めたいなと思ってまして」のように声をかけて、短いオンライン会議（クイックコール）も活用しましょう。

決定事項があれば、二人だけに情報を留めずチームに共有するのも忘れないようにしましょう。

リアル会議よりもオンラインが活き活きする人もいる

リアルに集まる会議で発言するのに躊躇してしまう人も、チ

ャットなら発言しやすいこともあります。
　誰かの意見を遮らず、「声の大きな人」に流されず、全員がフラットに発言できるよう工夫することで、オンラインならではの価値ある会議を作れます。

オブザーバー参加も気軽にできる

　オンライン会議ならば、参考までに聞いておきたい他チームの会議にオブザーバー（傍聴人）として参加する際のハードルも下がります。
　質問するとき以外はミュートにして、カメラもオフにして、関係するトピックに話題が移るまでは手元で別の作業をしながら参加することも可能です。

いつものメンバーとの会議なら顔を出さなくてもいい

リモートワークと聞いてイメージするのは、「自宅でデスクに向かっている姿」「画面に何人もの顔を写しながら、オンライン会議をしている姿」ではないでしょうか。そのイメージから、オンライン会議と言えば、カメラをONにして全員が顔出しして行うもの、と思っている人も多いと思います。

ですが、すべてのオンライン会議で顔出し必須というわけではありません。いつものメンバーとの定例会議や、突発的なクイックコールの場合には顔出しナシで、資料を画面共有しつつ行ってもよいのではないでしょうか。

社外の人には驚かれることもあるのですが、**シックス・アパートの社内会議はリモートになった当初からずっと顔出しナシでした**。そのため、話を聞いていることを示すために神妙な顔でうなずくなど、態度で表明することは必要とされません。

その代わり、「なるほど」と言葉で反応したり、疑問があれば質問したり、意見を聞きたい場合は問いかけて返事をしてもらうなど、言葉で明確に伝えることを意識しています。

とはいえ、オンライン会議で顔を出さないことに抵抗がある人もいらっしゃるかもしれません。そこで「なぜオンライン会議でも顔を出さなくてよいのか」をまとめました。

理由1：対峙するのは顔ではなくて議題

会議の参加者が対峙するのは相手の顔ではなく、議題です。

会議室に集まって行う会議も、相手の顔をじっと見ながら話をするのではなく、ホワイトボードに議題を書き出してみんながホワイトボードに向かって議論することがほとんどでした。

シックス・アパートのオンライン会議では、画面には常に資料を共有しています。顔が見えなくても、いつものメンバーなら声やしゃべり方で誰がしゃべっているのかわかります。仮に声でわからなくても、参加者リストを見たらしゃべっている人の名前やアイコンにマークがつきますので問題ありません。

理由2：通信量が増えてパソコンの処理が重くなる

リアルタイムの映像と音声を受信しつつ、さらにこちらからも映像と音声を送信するとなると、1時間で数百メガバイトの通信量になります。音声だけのオンライン会議なら数十メガバイトですむことを考えると、通信量は1桁違います。

自宅の通信環境の品質や、オンライン会議に利用するパソコンのスペックによっては、処理が重くなって肝心の会議の内容が途切れ途切れになってしまいます。

理由3：自分と家族のプライバシーを守るため

自宅から参加することが多いオンライン会議。家族にとってもプライベートな場所で参加することになるので、自宅でオンライン会議に参加する以上、家族のプライベートを晒さないよう責任を持って対策する必要があります。

背景を隠すことで、プライベートを見せない方法はあります。でも参加者全員が、常にこれらの選択肢を用意できるとは限りません。

自宅をワークスペースにしている以上、個人の事情も考慮し、「毎回必ず」顔出しを強制する必要はないと思っています。

056 / 105

顔出しナシに持っていく方法

カメラをオフにしたいときの持っていき方

いつものメンバーのいつもの会議なのに、毎回カメラをオンにして顔出しするのが当たり前の「空気」が続くこともあるかもしれません。その空気、変えたいならば変えましょう。

あなたが会議のホスト役ならば、招集の際に「資料を画面共有して行うので、参加者のカメラはオフでかまいません」のように宣言するだけです。ホストが別の人ならば、あなたがその方と直接話して、顔出しナシに話を持っていきましょう。

問題は、偉い人が顔出しにこだわっている場合です。「しゃべっていても、反応が見えないから不安」というのは、よく聞く、顔出しをしてほしい側の意見です。

とはいえ、これまで社内外の方と電話のやりとりでたくさんの仕事を進めてこられたはず。**常に顔を見続けなくても、仕事はできます。声に加えて資料共有もチャットもあるのに、反応が伝わらないわけありません。**

会議冒頭の挨拶が終わったらカメラをオフにしてしまいまし

ょう。誰かが画面共有に切り替えて、大きく資料が表示されているときがベストなタイミングです。

画面共有時は、顔は小さくしか写りません。また資料に注目している状態なので、顔を消してもバレにくいです。さらにカモフラージュしたければ、カメラ映像をキャプチャーした画像をアイコンに設定すれば、気づかれにくいでしょう。

もしも言い訳が必要なら、以下の中で適したものをご利用ください。

▶機材やネットワークのせいにするシリーズ

「さっきからネットワークが不安定なので、カメラはオフにしておきます」

「パソコンが熱くなってきたのでフリーズする前に、カメラだけ切りますね」

▶家庭の事情シリーズ

「家族が帰ってきて後ろが騒がしいので、カメラオフにしますね」

「別の部屋に移動しないといけなくなったので、カメラ切ります」

▶自分の事情シリーズ

「ずっとこちらの顔がカメラで写りっぱなしなのも緊張するので、切ります」

「最近肌荒れがひどくて、自分の映像見てるのも辛いのでカメラなしにします」

▶特に言い訳しないシリーズ

　黙ってカメラをオフにする。もしそれを誰かに指摘されたら「あ、はい切ってました」とさらっと言う。
「写ってませんか？　あー、なんでだろう？　声は聞こえますよね？　ならば、よかったです。後で設定確認します」と適当にごまかす。

　当たり前ですが、カメラはオフにしていても、議論には積極的に参加しましょう。

057 / 105

定例のオンライン会議で使う資料

シックス・アパートのオンライン会議では、会議の資料を画面共有して進めています。会議資料は、参加者全員が手元で閲覧しつつ編集できるGoogle ドキュメントなどで作成しています。

会議資料には、その日の会議の主旨や目的、議題と各部門の担当者からの報告・相談事項が書かれています。会議の参加者は、会議開始時間までに書き込んでおくのがルールです。

ある日のオンライン会議用ドキュメントのサンプル

とある製品チームの定例会議の、会議資料を右ページにお見せします。

会議ごとに、フォーマットが決まっています。

箇条書きいくつかと関連するスクリーンショットを貼るだけにし、資料準備に時間をかけすぎないようにしています。

オンライン会議用のドキュメント

〇〇チーム定例会議　20XX年XX月XX日

・**概要**

◎開催日時：20XX年XX月XX日　14:00～
◎開催場所：オンライン
◎参加者：Aさん、Bさん、Cさん、Dさん、Eさん
◎この会議の主旨

・〇〇チームの定例ミーティングです。原則、毎週月曜14時、オンラインで開催します。各担当より進捗の報告と確認・相談事項を共有します。深く話す必要があれば関係者のみで別の場を設けます。

・**アジェンダ**

◎各担当より報告

・プロダクトマネージャー
→次回リリース、XX月XX日に決定。リリースノート準備中
●主な変更点は、脆弱性対応、PHP新バージョン対応、リッチテキストエディタの機能追加、同時に新テーマも公開。
●関係するパートナー各社に連絡済み
→新テーマの活用方法のコンテンツを執筆中

・エンジニア
→スマホ向けUIの改善：レビュー中
→リッチテキストエディタ機能に新ボタン追加：スタッフ向けプレビュー環境を用意しました

・QA・サポート
→先週のサポート問い合わせ件数：XX件
→サーバー配信機能の仕様に関する問合せが増えています

・セールス
→来週のオンラインセミナー予定：XX件
●XX月XX日　〇〇セミナー＠大久保
→来月実施予定のキャンペーンについてアイデア求む

・マーケティング
→〈ウェブ〉ウェブサイト問い合わせフォームのリニューアル完了
→〈製品カタログ〉印刷中、XX日頃納品予定。来月のイベントで配布

・広報
→〈A新聞〉XX月XX日取材予定。メイントピックは「都内交通混雑緩和のためのテレワーク」。スピーカー：Bさん

・その他
→とくになし

・**相談事項**

→リリース日、再来週の水曜と木曜のどちらかに確定したい

・**決定事項**

058 / 105

定例のオンライン会議の流れ

シックス・アパートでは、チームごとにオンラインで毎週定例会議を行っています。毎週同じ時間に開催されるので、議事録ページの作成や会議時間のアナウンスなど決まり切った作業は自動化しています。

この項目では参加者10名ほどの定例会議前後の流れをご紹介します。

▶［自動で会議資料ページ作成］

会議当日の火曜日朝、当日の会議の共有ドキュメントのリンクが書かれた自動送信メールが会議参加者全員に届きます。

これは、エンジニアが作った社内専用システムで、毎週火曜朝に自動的にチーム定例会議資料のひな形を複製してメールする仕組みになっています。

▶［それぞれ会議資料に書き込む］

会議が始まる前までに、会議資料にそれぞれ自分の担当業務のアップデートを書き込んでおきます。会議までに間に合えばいいので、それぞれ余裕のあるタイミングで記入します。

▶［会議5分前］

定例会議用のオンライン会議の接続URLは事前にまとめて発行してあり、参加者のカレンダーには会議予定と接続URLが登録されています。そのため、会議開始時間より早めにオンライン会議にログインして待機していても問題ありません。

開始時刻までは雑談タイムです。最近買ったアイテムの話やニュースの話題などで盛り上がっているうちにだんだんと参加メンバーが集まります。

▶［自動で会議時間をアナウンス］

会議時間ぴったりの14時になると、ビジネスチャットにオンライン会議の接続URLが自動投稿されます。参加者には通知が行くので、別の作業に集中していても通知で気づきます。

▶［会議スタート］

開始時刻を過ぎ、参加予定者全員揃っていることを確認したら、オンライン会議スタートです。一人か二人いるべき人がいないときは、チャットで通知を送り、様子をうかがいます。2～3分経っても返答がなければ先に始めてしまいます。

▶［会議中］

みんなが資料のアジェンダに従って議事を進め、決定事項は担当者がその場で追記していきます。みんなで書き込むので、書記はいりません。会議が終わったら資料がこのまま議事録になります。

▶［会議終了］

議事内容の議論が全部終わり、次回の会議の日程とそれぞれのタスクを確認したら会議終了です。予定していた会議終了時間よりも早く終わったとしても、そこでおしまいです。

会議終了後は、会議前に話していた雑談の続きが始まるのもよくあることです。残りたい人が残って自由に雑談しつつ、三々五々ログアウトしていきます。

▶［会議後］

参加できなかった人は、議事録の共有ドキュメントを確認してキャッチアップします。

059／105

社外の方とのオンライン会議のポイント

ご挨拶も兼ねて、顔を出して行いましょう

よく見知ったいつものメンバーとのいつもの会議では顔出しナシでOKと書きましたが、初めて話をする社外の方とのオンライン会議では、カメラをオンにして顔出しアリで行う方がよいでしょう。

ビジネスにおいては相手の年齢や性別は関係なく、大事なことは担当する役割や経験・スキルだとは思います。ですが、初めてご挨拶する場合には互いに相手の人となりが見えた方が、話がしやすくなるでしょう。

社外のメンバーとも頻繁に会議を行うようになったら、会議スタート時だけ顔出しで挨拶をして、会議の本編に入って資料を画面共有したら議論に集中、会議終了の際に顔を出して挨拶をして終わるといったメリハリを付けてもよいでしょう。

双方書き込めるドキュメントを用意して、事前に共有

会議資料を作っておくことは、社外の方との会議の際にも有用です。Googleドキュメントなど、双方が書き込めるクラウド上のドキュメントサービスに、会議の接続情報やアジェンダ

をまとめて記載しておきましょう。
最低限、以下のような内容が必要です。

- ☑ オンライン会議に接続するための情報
  - ＊オンライン会議ツールにアクセスするURLやパスワード
  - ＊接続がうまくいかなかったときや、遅刻しそうなときの代わりの連絡先（メール、担当者の電話番号、Facebookメッセンジャーなど）
- ☑ 参加者全員の肩書きや役割と名前
- ☑ 関連資料のPDFやウェブページのリンク先URL
- ☑ 会議のアジェンダ

社内会議同様に、会議前に参加者全員に共有しておきます。会議中は、議事進行に合わせて補足事項や決定事項を随時書き込んでいきます。

オンライン会議の名刺交換

オンライン会議では、名刺交換ができない代わりに、自己紹介タイムを設けましょう。所属会社・肩書き・名前・連絡先だけでなく、その会議の議題における役割も共有します。
たとえば「シックス・アパートの広報のことぶきと申します。このプロジェクトにおいては、御社との共同プレスリリースの準備と配信を担当します。連絡先のメールアドレスは今ドキュメントに記載しました。よろしくお願いします」といった内容です。

実際の会議では、交換した名刺をデスクに並べていつでも肩書きなどを参照できますが、オンライン会議の場合、会議ツールの参加者リストに「佐藤太郎」「田中一郎」といった名前だけが並ぶ場合が多いため、相手の立場や役割がわからなくなることがあります。

自己紹介の内容は、共有ドキュメントに記載する、またはオンライン会議のチャット機能に記入しておく、会議前や後に代表者がまとめて参加者の情報を連絡するといった形で交換するのがよいでしょう。

また、オンライン会議の自分の参加者名を「田中一郎@ABC カンパニー 営業」といった形で、所属や肩書き込みで書いておくのも親切です。

060／105

オンライン会議のファシリテーターの役割とトーク例文集

オンライン会議は、会議の進行役となるファシリテーターが重要です。

ファシリテーターの役割は、オンライン会議用のURL発行、参加者がスムーズに接続できるようサポート、会議ツールへの参加者の承認、会議の司会進行、会議資料のアップデートを促す、参加者から意見を引き出すなど、多岐にわたります。

会議ツールのセットアップや利用サポートなどのシステム担当、当日の司会進行担当など、複数人で担当を分担してもいいでしょう。

以下に、2社から合計10名程度が参加する初顔合わせのオンライン会議を想定し、ファシリテーターの動きの一例をご紹介します。

▶会議前

会議資料を参加者に共有します。

☑ 事前に会議の日時・議題・接続情報・アジェンダが書かれたドキュメントを参加者に共有する。

☑ カメラONにしてほしい場合は「初回の打ち合わせになりますので、可能な方はカメラONでご参加お願いします」とお願いする。

▶会議直前

早めにログインしておきます。

☑ Zoomなどツールによっては、ホストの承認した人のみオンライン会議に参加できる「待機室」という機能があります。この機能を利用する場合には、ホストは早めにログインしておき、会議への参加者の名前を確認し、ルームへのアクセスを承認します。

☑ 承認不要でオンライン会議に参加可能な場合も、早めに入っておくとよいでしょう。同じく早めに集まった方たちと雑談しつつ、全員集まるのを待ちましょう。会議前のトークは、気楽な雑談の機会として最適です。

▶会議スタート直後

全員参加しているかを確認しましょう。

☑「ご参加ありがとうございます。すでに集まっている方の他に、今日の会議に参加予定の方はいますか？」と、参加者同士で確認を促す。もし、まだ参加していない人がいたら、自分が連絡するか、参加者の誰かから本人に連絡してもらう。

▶映像・音声の確認

☑「皆さん、こちらの映像・音声共に問題なく届いていますでしょうか。問題なければ『大丈夫です』と一言お願いします」と問いかけ、全員に発言してもらう。

▶自己紹介

名刺交換の代わりに、それぞれが何の役割で参加しているかを共有するために、自己紹介タイムを設けます。自己紹介の順番は、ファシリテーターが決めます。理由は、参加者の手元のオンライン会議ツールの画面内に並ぶ人の順番はバラバラだから。他社の方の自己紹介タイムは、順番など仕切りを先方のどなたかに任せてもよいでしょう。

☑「まずは、本日の会議の参加者の自己紹介から始めます。では弊社の○○から、名前と所属、担当をお願いします」など、全員に一言ずつ発言してもらう。

☑共有ドキュメントに参加者名が書かれていない場合は、書き込む。

▶チャットツールを活用する場合

人数が多い場合、全員が発言機会を得るのが難しい場合もあります。チャットを利用する場合は、事前に練習とアナウンスをしましょう。

☑「本日の会議では、チャットでも意見を受け付けます。練習タイムを設けます。画面の右側にあるチャットに『テスト』と一言書き込んでください。チャットが見えていない方は画面下部に吹き出しのマークのボタンがあると思います。そのボタンを押せば出てきます」など、チャットへの書き込み方法を紹介し、最初の書き込みを促す。

※一言については、何かお題を出してもよいでしょう。「自分の名前を書いてください」「好きなアイス」「最近やった運動について」など、何でもかまいません。誰もが悩まずすぐ書き込める内容がオススメです。

▶会議の本編開始時

会議の主題やゴールと終了時刻を共有します。

- ☑「本日の会議にお集まりいただき、ありがとうございます。本日のゴールは○○です。□時頃終了予定です」
- ☑「ではアジェンダに沿って進めます。まずは、○○社○○さんより報告をお願いします」

▶会議中

参加者の意見を求めます。

- ☑チャットでの意見を集める会議の場合は、「チャットの方に○○さんより、□□□という質問が来ています。○○さん、この質問に対して補足はありますか？　また、これに答えられる人はいますか？」と問いかける。
- ☑参加者全員から広く意見を集めたい場合には「この件については、チャットで皆さんからの意見を集めたいと思います。今から5分間の時間を取ります。チャットに書き込みをお願いします」と促す。

☑ それぞれの課題についての議論を終了する前に「ここまでの内容について、ご意見のある方はいらっしゃいますか？」と問いかける。

▶会議終了後

☑ 「本日の会議は以上で終了となります、ご参加ありがとうございました」と、会議終了のアナウンスを行うと、参加者の皆さんから「おつかれさまでした」「ありがとうございました」といった終わりの挨拶があるでしょう。
一通り皆さんが挨拶したところで、「では、この会議を終了させます。おつかれさまでした」と最後に挨拶して、オンライン会議のホスト権限で会議を終了させる。

ファシリテーターのポイント

①顔出しは
必要な時だけでOK

②接続情報とアジェンダを
資料にまとめて事前共有

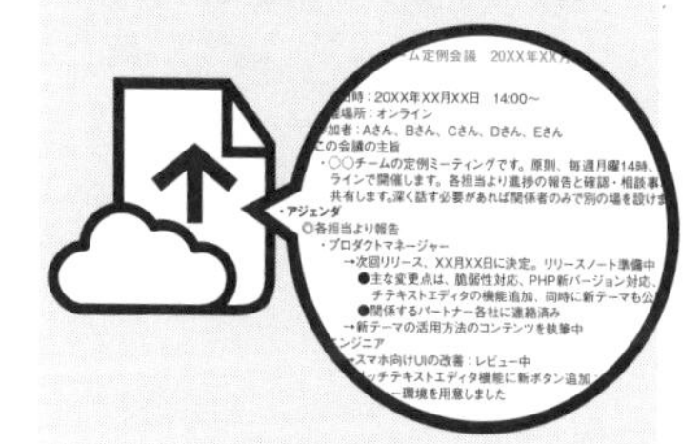

③参加者が全員揃っているか、
聞こえているかを確認

④全員が発言できるよう
声かけや、
チャットで意見を求める

061 / 105

オンライン会議の最重要マナーは「耳障りなノイズを出さない」

オンライン会議で最も大事なマナーは**「耳障りなノイズを出さない」**ことです。

ノイズを減らすためのポイントは二つあります。

ひとつは、パソコンの内蔵スピーカー＆マイクではなく、外付けのものを使うこと。有線のイヤホンマイクやヘッドセット、ワイヤレスイヤホンがオススメです。それぞれの特徴や選び方などは、後ほど紹介します。

もうひとつのポイントは、ミュート（無音）を活用すること。マイクは咳払いやしゃっくり、キーボードのタイプ音なども案外拾っています。これらの音は聞く方にとっては耳障りなノイズです。新しいオンライン会議ツールを使うときは、まず真っ先にミュートボタンのON／OFFの仕方を覚えましょう。咳やくしゃみやしゃっくりが出そうなときは、すかさずミュート。マイクを手で押さえるのは、マイクを触るノイズがうるさいのでNGです。

他にもペットの声や近隣の工事の音が騒がしい場合にも、しゃべるとき以外はミュートにしておきましょう。

やっかいなのは、自分が出しているノイズは自分には聞こえず、相手にしか聞こえないことです。誰かの背景からノイズが聞こえてきてくるのに気づいたら、ミュートにするよう声をかけましょう。

会議室にいるメンバーはハウリングに注意

リモート参加に加えて、オフィスの会議室からも数名が参加するオンライン会議もあるでしょう。このオフィスの会議室に集まるメンバーがそれぞれのパソコンからログインしてしまうと、複数のマイクやスピーカーがONになっているためにハウリングを起こしてしまうことがあります。

同じ場所からオンライン会議に参加する場合は、できればスピーカーとマイクをそこにいるメンバー全員で1台を共有する形にしましょう。代表者のパソコンに据え置き型の会議用マイクやスピーカーを接続し、全員がそこに向かって話しかける方法がよいでしょう。その際、話し始める前に名乗るとリモート参加者にも、誰が喋っているかわかりやすく親切です。

また、オフィスに会議参加者が数名揃っていたとしても、必ずしも会議室に集まる必要はありません。それぞれ自席で自分のパソコンを使ってオンライン会議に参加しても良いと思います。画面共有された資料を手元のパソコンで見て編集できます。

062／105

会議はスキマなく詰め込まず空白を設けよう

会議前後のバッファを設けよう

オンライン会議は、ワンクリックで開始できてワンクリックで終了できます。リアルな会議と違って、移動時間が不要です。

この移動時間がないのをいいことに、13時～14時、次は14時～15時半、さらに次は15時半～16時半と隙間なく会議を詰め込んでしまいがちですが、これはなるべく控えましょう。**前の会議が長引いた際のバッファがないために、次の会議開始に間に合わなくなってしまうからです。**

遅刻したことでその会議も長引いたら、さらにその次の会議もスタートが遅くなる、または次の会議の冒頭に参加できなくなるという悪循環になってしまいます。

会議の内容によっては、一部のメンバーのみ会議前に集まって、ブリーフィングを行う時間を設けることがあります。オフィスにいたときには、会議室への移動時間に、関係者で内容について直前のすり合わせをしていたことがあったと思いますが、それと同じです。

また、会議の後にも決定事項を振り返りつつ、自分のタスクを整理するための時間も必要です。異なるトピック、異なる立場で別の会議に参加する場合にはなおさら適度な余白が必要になるでしょう。

いったん仕事を離れて、お皿を洗ったり洗濯を取り込んだりする頭を使わない家事作業がちょうどいいリセットタイムになります。

バッファは意識的に入れよう

会議と会議の間のバッファを確保するには、**会議をカレンダーに追加する際に会議後の振り返りのための時間もブロックしておくのがよいでしょう。**

たとえば、14:00 ～ 15:00 に会議をカレンダーに追加した場合、15:00 ～ 15:30 も「○○会議　タスク整理」といった予定を入れておくのです。

もし上司などが会議の予定を詰め込んでくる場合には、その人に会議の間のバッファを考慮するようにお願いするのがよいでしょう。

また、ついキリの良い1時間単位で会議を設定しがちですが、45分単位で会議を設定するのもよいと思います。この15分がちょうどよいバッファになります。

063／105

オンライン会議で集中が続かず眠くなるときの対処法

自分が関係している業務だからこそ、会議に呼ばれているはず。ならば当たり前のことではありますが、**報告内容をきちんと聞く、積極的に発言する、「なるほど」といったあいづちを打つ、チャットや共有資料に書き込む役割を引き受けるなど、会議に積極的に参加することで集中力を保てるのではないでしょうか。**

逆に、自分が参加する必要のない会議であれば、後で資料を共有してもらうことにして参加を辞退すればよいのです。

そうは言っても、「参席していることに意義がある」タイプの会議も多々あるでしょう。顔出しアリのオンライン会議でうつらうつらしている半目の顔を写さないためにどうするか。

会議中の眠気防止のために、できそうなことをリストアップしてみました。

▶少し席を外して、顔を洗ってくる

顔出しアリの会議であっても、1～2分カメラをオフにして席を外して顔を洗ってくるくらいのことはできるでしょう。オフィスではやりにくいですが、家でならできます。目薬をさし

てもいいかもしれません。

▶窓を開けて空気を入れ換える

閉めきって二酸化炭素濃度が高まった部屋は眠くなりがちです。空気を入れ換えて頭もすっきりさせましょう。

▶一時的にブルーライトカット機能をオフに、またはブルーライトカットメガネを外す

ブルーライトは眠気の元になるホルモン「メラトニン」の分泌を抑制します。OSやモニターの設定、またはメガネでブルーライトをカットしている人は、覚醒のために一時的に外してみてはどうでしょうか。

▶ミントタブレットを嚙む

辛いミントタブレットを嚙めば目が覚めるかもしれません

▶いっそ内職をする

パソコン画面上でオンライン会議のウィンドウを小さくして、音声はミュートにして、別の作業をしてみてはいかがでしょうか。実際に会議室に集まって行う会議でも、聞いてるふりをしながら手元のパソコンで別の作業をしていることはありますよね。オンラインだったら、もっとやりやすいはずです。

オフィスで会議室に集められている状況に比べると、家でならさまざまな眠気対策を行いやすいです。会議に参加する前に、自分に合った眠気対策を準備しておきましょう。

064／105

オンライン会議中のあるあるトラブル1

家から参加することが多いオンライン会議だからこそのトラブル事例を紹介します。

会議の時間を忘れがち

オフィスにいるときは、一緒に会議に参加するメンバーが席を立って会議室に向かう気配で「あ、会議の時間だった！」と気づくことができますが、**一人で働いていると周りの動きがなく会議の時間を忘れがちです**。

子どもに話しかけられて対応していたら、小雨が来て洗濯物を取り込んでいたら、洗濯物を干していたら、家族からの頼まれごとに対応していたら、訪問セールスを断っていたら、うっかり会議スタート時間になっていたということもよくあります。「やばい！　会議始まってる時間だった!!」と気づいたら、パソコンに戻り、しれっと参加すればよいと思います。もしも、ビジネスチャットなどでオンライン会議開始を知らせるメッセージが来ていたら、チャットで謝りましょう。

会議開始時間を忘れないようにするためには、会議5分前に

カレンダーから通知を送る、スマートスピーカーにリマインドしてもらうなどの対策をしておきましょう。時間ぴったりではなく、早めにオンライン会議にログインする癖を付けてもよいかもしれません。

声が届かない&音が聞こえない音声トラブル

ミュートの設定のまましゃべっていて話している人の声が届いていない、というのはオンライン会議10回中9回くらい起こるトラブルです。たいていは、他の参加者が「聞こえてないよー」「ミュートをオフにして」など声をかけてくれるので、すぐに解決するでしょう。

問題は、みんなは聞こえているようなのに、なぜか自分だけ、話している人の声が聞こえないときです。まずボリュームゼロになっていないか確認したら、次にイヤホンをつなぎ直してみてください。

それでも音が聞こえない場合は、パソコン内蔵のスピーカーで再生する設定に切り替えてみましょう。どうやっても音が聞こえないようなら、スマホやタブレットからオンライン会議に接続する方法もあります。

会議中に限って荷物が届く

家でオンライン会議中、背後「ピンポーン」とチャイムの音。家には自分一人。「そういえば、今日は荷物が届くはずだった！」こういうことも、よくあることです。

こういうときは「すみません、ちょうど今荷物が届いてしまったので受け取ってきます。1〜2分抜けます」と伝えて、受け取りに行くしかないでしょう。誰かが話をしている最中で、声で割り込みにくかったら会議ツールのチャット機能を使って報告、または共有している資料のどこかに書き加えるなど会議を中断させずそっとお知らせする方法で抜けましょう。

カメラをONにして参加している場合にはしばし姿が見えなくなりますが、それは仕方ありません。カジュアルな会議ならば「しばし退席中、すぐ戻ります」と書いた看板とぬいぐるみを代わりに座らせておく手もあります。そういう雰囲気が許されるメンバーとの会議であれば、の話ですが。

また、会議中に一瞬席を離れるとき、ワイヤレスイヤホンは非常に便利です。自分のマイクはミュートにしておいて、話の続きを聞きながら荷物を受け取りに行けます。

お風呂や家電のしゃべる声が聞こえる

最近の家電はよくしゃべります。オーブンレンジができ上がりを知らせてくれたり、空気清浄機がフィルター交換を要求したり、エアコンが使った電気代を教えたり、お風呂も「お風呂が沸きました」ボイスとともに音楽が鳴ったり、温度設定変更のたびにわざわざ読み上げてくれます。

会議中の声をウェイクワードと誤認識したスマートスピーカーが「すみません、お役に立てそうにありません」としゃべり出すこともあります。

残念ながら現時点では、お風呂や家電がオンライン会議中に気づいて空気を読んで黙っていてくれる、なんて機能はありません。自分のマイクを通してオンライン会議に家電ボイスが筒抜けすることは、お互い様です。ほとんどの場合、笑ってすむ話です。

気をつけなければならないのは「あれ？　今、レンジの音聞こえたけれど、一人暮らしだったよね？　家に誰かいるの？」などのように、余計なことを勘ぐられたくない場合です。

家にいる人に静かにしていてもらうなり、家電の音を設定でオフにするなり、自宅外で会議に参加するなり、できる対処を行いましょう。逆に、誰かの後ろから家電の声などが聞こえた際も、本人が言わない限り余計なことを詮索しないことも大事です。

065 / 105

オンライン会議中のあるあるトラブル2

他にもオンライン会議だからこそのトラブルには以下のようなものがあります。

ブレーカーごとオンライン会議が落ちる

多数の電化製品を同時に使う冬場などに、ブレーカーがよく落ちる家もありますよね。私の家でも、家族が電子レンジを使った瞬間にブレーカーが落ち、WiFi ルーターがシャットダウンしてオンライン会議中の回線が強制切断したことがありました。しかも、自分がホストの会議でしゃべっている最中です。

社内会議だったためシャットダウンの理由を説明したら、爆笑されつつも許してもらえました。その後、自宅の電子レンジに「オンライン会議中は、レンジ使用禁止」の札を貼ることになったのでした。

ノートパソコンはバッテリーがあるので突然電源が切れても大丈夫なのですが、デスクトップパソコンはブレーカーが落ちるのと同時に、強制シャットダウンになります。保存していないデータは消えてしまうし、ハードウェア的にもダメージが大きいです。

契約アンペア数を増やすなど、可能な対策があれば行いましょう。

子どもやペットのサプライズ登場

自宅を仕事場にしている以上、子どもが膝に乗ってきたり、ペットが顔を出したりすることもあるでしょう。

シックス・アパートでもご家族の方がオンライン会議に慣れてないときには、こんなことがありました。スピーカーの背後から「ねー、お父さん、私のNintendo Switchどこ持っていった？」という娘さんらしき声。漏れ聞こえたオンライン会議中のメンバーからも「お父さん、娘さんのSwitch持ってったらダメじゃない」と言われ、ちょっとした笑い話になりました。背後から「あ！　会議中だった？　ごめん!!」という娘さんの声が聞こえて、またひと笑い起きて、すぐに会議に戻る。これくらいの話の脱線はよくあることですし、気にしません。

背後から犬や猫や鳥の声が聞こえることもあるでしょう。少し時間の余裕があるならば、しばしペットトークに花を咲かせるのも雑談のネタとしてよいと思います。

とはいえ、笑い話にならないレベルの家庭の事情が聞こえちゃうのは、問題です。また、他社の方と契約の話や謝罪などをするシビアな内容のオンライン会議の場合には、プライベートの音で話の腰を折りたくないときもあります。

そういうときは、自分が外出する、または家にいる家族にペットや子どもを見ていてもらうお願いをしておく必要があるでしょう。

うっかりカメラONでログイン。油断した顔を晒す

顔出ししてオンライン会議を行った翌日、オンライン会議ツールの設定がカメラONになったまま、社内会議にログインしてしまうこともよくある失敗の一つです。気づいて即座に消したものの、おそらく参加者全員に油断しきったぼんやり顔が見えてしまったことでしょう。

このような意図せずカメラがONになってしまうことを防ぐには、**ノートパソコンの画面上にあるフロントカメラにマスキングテープを貼って隠しておくのがよいでしょう。**物理的にカメラを塞いでいるので、うっかりカメラONの設定になっていても何も写らないので非常に安心感があります。顔出しする会議のときだけテープを外して使いましょう。

社内調整の内容が先方にも聞かれてしまう

クライアントと15時からオンライン会議。「事前に社内メンバーで会議のアジェンダや方向性を共有するために、オンラインに14時30分に集まろう」ということもあるかもしれません。

このとき、クライアントにお知らせしているのと同じオンライン会議ルームで行っていると、いつの間にか時間前にログインしてきたクライアントにも聞かれてしまったという悲劇が起きる可能性があります。

ホストが許可した人以外は参加できない待機室機能もありますが、早めにログインしてきたクライアントの参加許可を間違

って押してしまうこともありえます。社内ブリーフィングは別のオンライン会議ルームを立てて行う方が安心です。

他にもあるあるオンライン会議トラブルと解決方法

以下のようなトラブルにも注意しましょう。

☑ 上半身はきっちりビジネスライクなのに、下半身はジャージのようなちぐはぐファッションをうっかり公開
→下も見られても恥ずかしくないものをはきましょう。もしくは、カメラ前を動くときは、すかさずカメラをOFFにしましょう。

☑ カメラにくしゃみの飛沫などが付着してぼやけたまま写っているのに気づかない
→カメラの汚れは気づきにくいもの。たまに拭きましょう。

066 ／105

オンライン会議の工夫&役立つアイテム①
音声編

多くのノートパソコンには、マイクとスピーカーが内蔵されています。そのため、最低限、ノートパソコン１台あればオンライン会議は可能ですが、できれば**パソコンに接続して使うマイクとイヤホン（もしくはヘッドホン）を別に用意しましょう。**

オンライン会議に参加すると、ノートパソコンの内蔵マイクを使っている人がしゃべっているときの音声にうっすら「サー」というホワイトノイズが乗っていることや、キータイプ音が響くのに気づくことがあります。

パソコン内蔵ではなく口元近くにマイクがあれば、キーボードのタイプ音が響かず、家族の生活音や空調機器などのノイズの音も拾いにくく、こちらの音声もクリアに届けられます。**ノートパソコンのスピーカーではなく、イヤホンがあれば相手の声が聞きやすく、家族に会議の音声が漏れません。**

オンライン会議に最適なマイク＆イヤホンは、手頃なものから本格的なものまで、いくつかの選択肢があります。

家にもある？　スマホ付属の有線マイク付きイヤホン

まずは家の中を探してみてください。スマホの付属品の有線マイク付きイヤホンがあるのではないでしょうか。iPhoneをお持ちなら白いケーブルのApple純正イヤホンがあるでしょうし、Android端末の場合も、付属品として同梱されている場合が多いです。

スマホ付属の純正イヤホンはAppleのライトニング端子やUSB-C接続のものもあるため、3.5mmヘッドホンジャックに変換するアダプタが必要かもしれません。

スマホ付属のイヤホンは、ハンズフリー通話を想定しているものなので、オンライン会議の利用には最適です。家にちょうどよいものがなかったら、「マイク付きイヤホン」でECサイトを検索してみましょう。1000円台で手に入る安いアイテムでもオンライン会議には十分役に立ちます。

私も、1500円程度で購入した有線のマイク付きイヤホンを予備として常にパソコンバッグに入れています。

ワイヤレスイヤホンなら、良いものを選ぼう

予算に余裕があれば、完全ワイヤレスイヤホンもオススメです。左右のイヤホンがケーブルでつながっていない耳栓みたいな形状のアイテムです。

パソコンとワイヤレスで接続するためオンライン会議中でも、話を聞きながら席を立って、飲み物を取ってきたり、窓を閉めたりとBluetoothの接続が届く範囲では自由に動けて便利です。

ワイヤレスイヤホンを選ぶポイントは、使っているパソコンと相性の良いもの、そして評判の良いものを選ぶことです。あ

まり品質のよくないものを選んでしまうとこんなデメリットがあります。

- ☑ パソコンとの接続に手間や時間がかかる
- ☑ 接続できても、すぐ切れるなど安定しない
- ☑ 左右のイヤホンの音がずれる
- ☑ バッテリーが持たず会議中に切れる

ただしこれらのデメリットは、品質の良いワイヤレスイヤホンであればほとんど問題になりません。予算に余裕がなければ有線イヤホンで十分です。

ノイズキャンセリング機能が付いている高性能なワイヤレスイヤホンであれば、集中しやすい無音状態を作るのにも大活躍します。

ただし、耳栓代わりにずっと耳に入れっぱなしにしていると、耳の中が蒸れてカビが生える可能性があるそうなので、1時間ごとに外し、休み休み使うのがよいそうです。

長時間つけっぱなしなら、ゲーミングヘッドセット

オンライン会議が増えると、イヤホンやヘッドホンをつけている時間が増え、耳の穴や頭が痛くなることがあります。その点、長時間装着するのを考慮したゲーマー向けアイテムは優秀です。ヘッドバンドやイヤーパッドが分厚く、サイズの調整がしやすいため、頭が痛くなりにくいです。

また、ミュートボタンがヘッドセット側に付いていることが多いため、くしゃみや咳など、とっさのときにすかさずオフに

しやすいのも優秀です。ただし虹色に光るものもあるので、ビデオありのオンライン会議のときはご注意ください。

骨伝導ヘッドホン

ずっとイヤホンなどで耳を塞いでいると、荷物が届いたり、来客があったり、家族や子どもからの声かけが聞こえにくくなってしまいます。

シックス・アパートのある社員は、その解決策として耳を塞がず音を聞ける骨伝導式のヘッドホンを使っています。マイクも付いているのでそのままオンライン会議時のヘッドセットとして活躍するし、後ろから声をかけられてもすぐに気づけます。耳を塞ぐことによる圧迫感がないのもよいところです。オンライン会議で人の声を聞くには十分の品質だそうです。

スマホで話すという手も

スマホは、電話です。電話での会話に適したスピーカーもマイクも付いています。

パソコンの調子が悪いときのバックアップとしてスマホもオンライン会議に利用できるようにセットアップしておくと便利です。スマホからオンライン会議にログインし、カメラはオフにして普通の電話のように耳に当てて話すのです。

パソコンからも同じオンライン会議に別アカウントでログインして画面共有されている資料を閲覧することで、作業はパソコン、会話はスマホという分担もアリです。

067 / 105

オンライン会議の工夫&役立つアイテム②
動画編

背景を片付けよう

顔出しでのオンライン会議のときは、カメラに写る自分の身だしなみはもちろん背景にも気を配りましょう。

必要以上の個人情報を開示しないためにも、同居する家族のプライバシーを守るためにも、背景は壁やカーテン、見えてもかまわない棚やクローゼットの扉などだけにして、生活感が見えない位置にカメラを配置できるとよいでしょう。

イスの背もたれに設置できるクロマキー用のグリーンバックを設置したり、イスのすぐ後ろにパーティションを置いたりして室内を隠す方法もあります。

スマホやタブレット&三脚で自由な位置にカメラを設置

オンライン会議のカメラとして、スマホやタブレットを使うのも可能です。

一人暮らしの狭いワンルームで移動する場所もない人もいますよね。そういうときこそ、写る範囲を調整しにくいノートパソコンのフロントカメラではなく、三脚&スマホを使って写っても問題ない範囲だけを写せる角度を探りましょう。上から写す、斜め横から写す、寄る、離れる、など、あれこれ試せば、写っても問題ない角度が作れるのではないでしょうか。

それでも写ってしまう生活感溢れるエリアは大きな布で隠すに限ります。カーテンを閉めたり、シーツやタオルをばさっと掛けたりして隠しておきましょう。

カメラに写る顔の大きさ、確認しよう

カメラに近づきすぎているのか、頭頂と顎の先が画面からはみ出るくらいの超アップで写っている人がいます。

顔の表情がはっきり見えるのはよいですが、見ている方はちょっと圧を感じます。**画面には、胸から上が写り頭上にも多少余裕あるくらいの見え方がちょうど良いでしょう。**カメラと近すぎるようなら、カメラを離すか自分が離れて調整しましょう。

バーチャル背景を使おう

オンライン会議で見せる必要があるのは仕事モードの自分だけでよいので、部屋の様子は、バーチャル背景機能を使って隠してしまうのも手です。

バーチャル背景を利用するための準備がいくつかあるのでご紹介します。

▶ある程度性能が高いパソコンを用意しよう

バーチャル背景を適用するには、カメラに写る人物のみを切り抜き、背景に画像を表示するリアルタイム処理が必要です。

Zoomの場合、バーチャル背景を利用するためのシステム要件として、Intel第6世代iSデュアルコア以上のプロセッサを

推奨されています。古いノートパソコンだと、要求性能を満たしていない可能性があります。

▶できれば背景は緑一色、または無地にしよう

テレビのクロマキー合成と同じです。背景がシンプルなほど、人物との境目が切り抜きやすくなります。緑一色の背景用グリーンバックのシートがあればベストですが、代わりになるべく無地の壁やカーテンなどを背景にするとよいでしょう。

▶背景色と異なる色の服を着よう

背景も白で洋服も白だと、洋服までバーチャル背景に溶け込んでしまい、顔だけ浮かんでるホラーな映像になります。オンライン飲み会なら笑えるのでよいですが、真面目な会議のときは気をつけましょう。

次に、背景に表示するバーチャル背景画像を準備しましょう。

▶企業公式が提供する画像

好きな画像を背景に適用できます。雑貨や家具メーカーなどが提供するおしゃれライフスタイル系や、ゲーム・アニメ・スポーツなどのエンタメ系、各地の自治体や旅行会社などが提供する風光明媚な写真など、「バーチャル背景」で検索すると大量に出てきます。

▶自分が撮影した画像

完璧に片付いている日の自室の写真や旅行先で撮影した写真

も使えます。

▶名刺風

個人の所属や名前、肩書きとオンライン名刺交換用 QR コードなどを表示した名刺スタイルの背景画像を用意している人もいます。オンライン名刺交換ができるサービス「Eight」では、自分の名前と肩書き、QR コード付きの背景画像を作成できるツールを提供しています。

▶自社ロゴ入り

会社や製品ロゴ、オフィスの背景、会社のキャラクターの背景画像を作るのもよいと思います。顔入りボックスの縦横比は参加者の端末によってさまざまなので、ロゴをタイル状に表示するのがよいでしょう。

明るさにも気を配ろう

照明の位置が悪いのか、部屋が暗いのか、顔が真っ暗になっている人もよく見ます。表情が全く見えないのは怖いし、何のために顔出ししているのかわかりません。**日中であれば、自然光が入る窓辺にノートパソコンやカメラ代わりのスマホを持って移動してみましょう。**昼間の自然光が一番おだやかに明るいので、可能であれば窓際の良い位置を探しましょう。

とはいえ、デスクトップパソコンだから移動が難しい、窓の外も暗い、西日が差し込みすぎてまぶしすぎる、窓の外にすぐ隣家があるので音が漏れるなど、良い位置にイスを持っていけないこともあるでしょう。

その場合にはデスクライトの位置を変えてみましょう。デスクの天板ではなく、自分を照らす方向にライトの位置を変えてみると明るく写りが良くなるかもしれません。

レフ板代わりに、白いものをデスクに引いて光を反射させると顔の下半分もほどよく照らされて表情がよく見えます。

顔色を明るくはっきり見せたいならば、YouTuberみたいなリング型のライトをカメラの後方に設置しましょう。リング型ライトの真ん中にスマホを設置できるアイテムであれば、スマホのインカメラをウェブカム代わりに使うこともできます。

オンライン会議とメイク

顔出しアリのオンライン会議における身支度・メイクについても考えてみましょう。といっても、オンライン会議でも必ずメイクしましょうという話ではありません。

カメラに写った自分の顔を見てテカってるとか、眉毛が薄すぎたとか、クマが目立つとか気になるところがあれば、メイクで対応できることもありますということです。

カメラを通したオンライン会議の映像は解像度が低いので、そんなにアラは目立たないはず。ですが、もしも気になるシミやくすみなどがあれば、コンシーラーで隠せます。

カメラを通すと目立つおでこや鼻の皮脂のテカリに気付いたら粉をはたいてささっと整えるのもいいと思います。

メイクが好きな人は、カメラを通しても盛れるメイクを考え

てみるのも楽しいでしょう。細かいニュアンスは伝わらないけれど、その分がっつり作り込んだ部分が悪目立ちしにくいのがいいところです。

ハイライトとシェーディングを強めに入れてフェイスラインを作り込んでみてもいいし、いつもよりはっきりした濃い色のチークやリップが顔色良く見えるかもしれません。加えて、良いカメラを使ったり、写る角度を工夫したり、良い照明を使うなどできる範囲でこだわってみるのも楽しいです。

オンライン会議ができるスペースを複数持つ

いつものデスクが常に最適なオンライン会議場所だったらいいですが、自分や家族の都合でそうではないこともあるでしょう。

たとえば、ランチミーティングのときはダイニングでやりたい、子どもが受験生なのでオンライン会議の声で邪魔したくない、海外とのミーティングのため時間が深夜・早朝になってしまうので声が響くリビングは控えたい、会議時間が家族の食事時間にかぶってしまうのでテレビや団らんの声でにぎやかな間はなるべく離れた部屋でやりたい、赤ちゃんがやっと寝たので邪魔したくない、など。

こんなときのために、オンライン会議ができる場所を自宅内外にいくつか持っておくと便利です。

自宅内に複数のオンライン会議場所を作る

持ち運びできるイスとテーブルがあれば、自宅内のいろんな場所をオンライン会議場所にできます。

- ☑ いつものワークデスク
- ☑ ランチミーティングには、ダイニングテーブルの冷蔵庫や

壁が背景になる席を確保

☑ 寝室に折りたたみテーブルと折りたたみイスを持ち込み、クローゼットの扉を背景にする場所に設置

☑ 一人用ソファ（IKEAのポエングなど）とクッション付きテーブルを、子ども部屋の片隅に設置

自分が出かける

自宅内を工夫するよりも、自分がオフィスに出かけて会議に参加する方が都合良ければそうしましょう。

オフィス以外にも選択肢があります。レンタル会議室やフォンブースのあるコワーキングスペース、カラオケボックスなど自宅近くで個室を利用できそうなスペースがないか探し、事前に試しておくと、いざという時すぐに使える場所ができます。

家族が出かける

状況によっては、自分ではなくご家族が日中に家を出る方が適している可能性もあります。たとえば受験生ならば、家よりも学校や塾の自習室の方が集中できるかもしれません。ご家族とも相談してみてください。

069／105

オンライン会議の工夫&役立つアイテム③
ウェビナー編

スピーカー登壇するなら外付けマイクもあり

ウェビナー（オンラインセミナー）のスピーカーになる機会があるなど、より高音質で安定してこちらの声を届けたい場合について考えてみましょう。

この場合、電子レンジ使用時などに音声が乱れる可能性があるBluetooth接続のワイヤレスイヤホン＆マイクは適していません。代わりに有線で接続するコンデンサーマイクを用意している人が多いです。

単一指向性のタイプであれば、周囲の雑音をあまり拾わず、正面からの声をはっきり捉えます。さらにこだわるなら、ポップガードというマイクの手前に付ける丸いネットもあるとよいかもしれません。唇の破裂音や息などのノイズをカットしてクリアな音声を収録できます。

ただし、どんなに良いマイクを使っていても、セッティング位置が悪いと、呼吸音が乗ってしまったり、髪の毛や洋服の襟などと干渉して摩擦音が拾われたりすることがあるのでご注意ください。

大勢の前でしゃべるときは念には念を入れて事前に音の確認をしましょう。本番環境と同じようにマイクをセッティングし、しばらくしゃべったものを録音して聞いてみるとよいでしょう。

画質最重視なら一眼レフカメラをウェブカム代わりに

カメラの画質にもこだわりたいときは、**ノートパソコンのフロントカメラよりも、スマホのカメラの方が解像度が高く綺麗に写ります**。さらにこだわりたいならば、動画対応の一眼レフやミラーレスなどの本格的なデジタルカメラでは、HDMIスルー出力を利用してHDMIキャプチャーでUSBに変換しウェブカムにすることが可能な機種もあります。

キャノンのデジタルカメラの場合は、パソコンにUSBケーブルで接続してウェブカムにする「EOS Webcam Utility」アプリが提供されています。自分の持っているカメラをウェブカムにできるか、調べてみるとよいでしょう。

ネット回線もできれば有線で

無線接続であるWiFiも、電子レンジなどの電波が干渉して通信が乱れることがあります。可能であれば、LANケーブルを使ってパソコンを有線接続すると安定度が高まります。

070／105

今から対策しておきたいオンライン会議の課題

多くのビジネスマンがオンライン会議を使うようになって、まだ日が浅い現在、さまざまな課題が生まれています。

誰でも会議に参加できてしまうリスクがある

オンライン会議は接続方法さえ知っていれば誰でも入れてしまう便利さの一方で、無関係の人も簡単に参加できてしまうリスクもあります。

オンライン会議ツールによっては、待機室機能などの対策を備えています。安全に利用するための機能については、ツール側でも頻繁にアップデートされています。ぜひ、ツールの最新情報を調べてみてください。

また、2020年9月11日に総務省のウェブページ「テレワークにおけるセキュリティ確保」にて公開された、Cisco Webex Meetings、Microsoft Teams、Zoomの三種類の実際のツールの設定方法について解説するドキュメントも参考になるでしょう。

録画データが流出するリスク

オンライン会議のツールには、録画機能が付いているものもあります。ホストだけではなく参加者側も簡単に録画を残せてしまうため、**不要な場合は設定で参加者側の録画をNGにしておきましょう。**ただし、ツール側で録画の設定を変更したとしても、参加者が自分のパソコンの画面と音声をスマホなどで撮影するのを防ぐことはできません。

このような個人端末に保存されたデータが万が一流出してしまったら問題です。機密事項の管理については、ガイドラインを設け定期的に社員に対して説明を行うことも重要です。

リモートハラスメント

自宅内から参加するオンライン会議では、聞こえてくる音や見える背景から個人のプライベートが透けてみえてしまうものです。それを必要以上に見ようとしたり、聞いたり、一部から全体を邪推して失礼なことを言うのはやめましょう。

たとえば、背景から聞こえてきた物音から「あれ？　一人暮らしじゃなかったっけ？」など、プライベートについて根掘り葉掘り聞くのはNGです。

逆に、オンライン会議で不快な思いをした場合には、カメラをOFFにする、1対1の会議は控えてもう一人誰かに参加してもらう、「議事内容をまとめて後で共有したいので、画面録画しますね」と伝える、などの対策を検討しましょう。

COLUMN #5

オフィスがなくても一体感は作れる

「オフィスを小さくしてみんな出社しないなんて、顔を合わせてコミュニケーションする頻度が減って、一体感が薄れるんじゃないの？」と、よく言われます。

確かに素敵なオフィスを構えている企業が昨今たくさんあります。求人のため、会社のカルチャー醸成のため、社内メンバーのコミュニケーションを促進し触発しあうため、快適なオフィスを構えることはとても有効だと思います。新しい社員が毎月入社してくるような、伸び盛りの企業にはそのスタイルが適しているのでしょう。

社員30人程度のシックス・アパートが必要なときのみ出社に切り替えた際にも、オフィスの活用と社内のコミュニケーション活性化については課題でした。でも、蓋を開けてみたら、毎日オフィスに集まっていた頃よりコミュニケーションはスムーズになっています。

オフィスに集まればコミュニケーションはスムーズ？

オフィスに毎日集まっていた頃は、近くの席の人とは気楽に雑談できたけれど、遠くの席にいる人と話す機会は意識して作らないとありませんでした。

オンラインなら、どこにいても時差があってもつながれます。みんなが気楽にチャットで話しかけ、オンライン会議で会うことにも慣れてきた今は、オフィスにも存在していた場所の垣根は、なくなりました。

友達ではなくて同僚。近すぎない距離感がストレスフリー

オフィスだと距離が近すぎるための小さなモヤモヤもありました。

同じ部署だから隣の席にいるけれど、ウマが合わないのであまり話さない人。悪い人ではないんだけれど、声が大きいのがちょっと気になる人。時事問題に対しての一言がいちいち「それはどうなの？」って言いたくなる人。

毎日隣にいるから、気に障る。そんな自分の度量の狭さが嫌になることもありました。

オフィスに毎日集まるワークスタイルだと、ともすると家族以上に長い時間を過ごす同僚。気が合わなかったらつらいものです。

よく考えると、同僚は仲間であって、友達ではありません。リモートワークならば、毎日会う必要はないし、普段はオンラインで仕事の話だけのやりとりになります。互いを尊重し合える、ほどよい距離感を保てて、ストレスフリーです。

Chapter 6

リモートワーカーが知るべきこと 16

071 ／105

成長のための時間を作ろう

仕事で使う手法もツールも日々アップデートしています。今持っているスキルだけで向こう10年戦えると思える人はほとんどいないはず。加えて、手持ちのスキルだけを徹底的に磨いて、それ一本で生きていけるとは限りません。

新しい学びを得たい気持ちが出てきたら、リモートワーカーのフレキシブルさを活かした学び方を考えてみましょう。

リモートワーカーは、学ぶ時間は作るもの

通勤時間は、インプットには最適の時間でした。往復の電車内のスキマ時間に本やニュースを読んで情報収集したり、ポッドキャストを聞いて英語を学んだり、SNSを見て最近の話題をつかんだりしていた人も多いのではないでしょうか。

電車の中は、会社の最寄り駅に着くまでと時間が決まっていて、本かスマホを片手に読むか聞くか書くかしかできません。毎日同じ時間拘束され、できることにも制限があるからこそ、継続しやすかったと思います。

しかし、リモートワークでは、通勤で強制的に奪われる時間がありません。さらに、家にいると周りには気が散るものだら

け。やりかけのゲーム、倒れ込みたいベッド、読みかけの漫画、録画してあるドラマの最新話、そろそろ使ってしまいたいしなびかけのホウレンソウ、洗う予定の洗濯物、確認して対応しないといけない子どもの学校からの連絡プリントなどがそこかしこにあります。

毎日通勤していたときよりも使える時間が増えた、でも誘惑も増えた。こんな状況で、継続的に学ぶ時間を確保するのは至難の業です。かといって、勉強時間確保のために通勤電車に乗りたいわけじゃない。ではどうしたらよいでしょうか。

▶学ぶ時間を決める

通勤の代わりに朝散歩をしながらポッドキャストを聞く、仕事前にカフェに寄って朝ご飯を食べつつ読書する、昼ご飯後にYouTubeで学び動画を必ず毎日1本見る、15時頃に仕事の手を止めて30分の自習時間を作る、業務時間後にオンライン勉強会に参加するなど、学ぶ時間を決めてカレンダーに予定を入れて確保してしまうのは良い方法です。

▶触発し合える仲間を作る

「やるぞ」と心に決意するだけで、一人コツコツやり通せたら素晴らしいことですが、誰もができるわけではありません。学びを共有し合うコミュニティに所属してみるのもよいでしょう。

Facebookで検索するとさまざまなコミュニティが出てきます。仲間の姿勢に触発されることで、モチベーションの維持に役に立つはずです。

▶オンラインセミナーに参加してみる

コロナ禍で、集まるイベントができなくなった代わりに、オンラインセミナーやウェビナーが激増しました。どこに住んでいても参加できるのはもちろん、家やオフィスに腰を落ち着けてパソコンで参加しないといけないわけではありません。

移動中に電車の中や歩きながらスマホで音声を聞くだけでの参加も可能です。

セミナー開催時間についても、これまでのように業務時間終了後の19時前後スタートだけではなく、朝の業務時間前やランチタイムに1時間でさくっと終わるセミナーも増えています。

オンラインセミナーを探すには、Peatixなどセミナー情報サイトを探すのもいいですが、SNSで学びたい業界のキーパーソンを何人かフォローしていると彼らが役に立つセミナー情報をシェアしていますので、そこから情報をキャッチするのもオススメです。

最新情報をざっくりキャッチアップするだけでもよい

常に学ぶための時間の余裕を持てたら素晴らしいですが、長い人生の中では学びにたくさんの時間を使える余裕のない時期もあって当然です。家庭の事情など、さまざまな制度のある中で日々働いているだけで、すごく立派だと思います。

まとまった学ぶ時間を確保することは難しいけれど、学ぶ姿勢は常に持っていたいのであれば、**最小限の時間でできる最新情報のキャッチアップをルーティーンにするのはどうでしょう**

か。

たとえば、自分が働く業界関連の専門ウェブメディアを開いて見出しをさっと眺める、トップページに並ぶトピックのタイトルを読む、興味ある記事があれば開いて読む、自分のコメントを添えてSNSに投稿する。

毎日、どこか途中までやればよいのであれば、できるのではないでしょうか。トップページを開くだけでやめちゃう日もあっていいのです。

多くの業界で地殻変動が起きている今こそ、最新の情報を追いかける価値は高まっているのです。

072／105

リモートワークと新入社員教育

リモートワークの最も大きな課題の一つは新入社員教育です。

特に新卒社員は、まだ自分一人で完結できる仕事もなく、上司の近くで言動を見て学び技を盗むこともできない。誰かの目がないところで、一人で自分を律しながら働くペースもできていません。こんなとき、どうしたらいいのでしょうか。

事例1：最初の1ヶ月はメンターと毎日出社する

シックス・アパートでは、新しく社員を採用した際に、最初の1ヶ月だけ本人とメンターとなる社員が毎日出社して業務のレクチャーを行っています。二人が出社していても、他のチームメンバーは全員リモートです。つまり、オフィスにいながらも、リモートチームの働き方をいきなり実践しているのです。

最初の1ヶ月の間は、オフィスで並んで仕事をするので、なんでもすぐに教えてもらえます。全員がリモートであることを前提としたワークスタイルなので、過去の会議の議事録も、開発やデザインのデータも議論のログも全部クラウド上に残っています。迷ったときに参考にすべき情報は、どこにあってどうアクセスするのかも教わります。

また、1ヵ月の間毎日出社することで、何かの用事で出社する社員や社員総会などで、ほぼ全社員と顔を合わせることができます。

この期間、仕事の流れを一通り実践し、過去のドキュメントを参照して自分で調べる方法を学び、困ったときはメンターやチームメンバーに直接聞ける関係性が作れます。本人がこの働き方になじむことができたら、翌月からは自走できるのです。

遠方に住んでいる方の入社や、感染症対策のため毎日出社するのが難しいこともあるでしょう。その場合には、**出社する日数を減らす代わりに、リモートでメンターと新人が音声だけでもつなぎっぱなしにする時間を設け、相談しやすい関係を作る**のも一つの方法です。

事例2：オンラインウェビナーのみで新人研修

需要予測型自動発注システムを開発する株式会社シノプスでは、2020年の新入社員6名が入社した翌日から新型コロナウイルス対策のために全社員在宅勤務を開始。新入社員向け研修もリモートに切り替えました。

6人がそれぞれの部署に配属され、各チームメンバーの一員としてOJT（On-the-Job Training、実務を通した職業教育）に取り組みました。完全リモートで実施した新入社員教育からは、以下のような気づきがあったそうです。

▶メリット

・情報をログに残し、共有するのが基本になった

・業務の見える化が必須になったため、報連相が自然に身についた

▶デメリット

・互いの姿が見えないため、業務負荷の計測が困難

・何気ない会話が減り、積極的に自分から発信しないといけなくなった

最初からリモートで働くことになった新入社員は、自身の活動や学びを、こまめに共有するのが当たり前の所作として身についていきます。

事例3：トピックごとに雑談できるリモート飲み会を実施

飲み会は、近くにいる人同士で同時多発的にいろんな話が行われているもの。みんなで一つの議題を話し合う会議とは違います。オンライン会議ツールをそのままオンライン飲み会に転用してしまうと、誰か一人が参加者全員に対して話す状況になってしまいがち。そのため、**リモート飲み会にはそれに合ったツールを利用するのがよいです。**

大手企業のアプリ開発を多数手がけるフェンリル株式会社は、新入社員も参加するリモート飲み会に、好きなテーブルに自由に移動して少人数でしゃべれる「Remo」というツールを使っているそうです。テーブルの一つを「ゲームテーブル」と名付け、ゲームの話題に興味ある人同士で集まるなど、気負わず話せる雰囲気作りに気を配っています。

リモートが手探りなのは、ベテランも新人も同じ

リモートワークが簡単に実現できるツールが揃ってきたのは、ここ10年くらいの話です。持ち運びやすい薄型ノートパソコンのラインナップが増え、モバイル通信の速度も速くなり、オンライン会議のサービスが使いやすくなり、あらゆる業種で活用できるクラウドサービスが揃い、ビジネスチャットなどのコミュニケーション手段も増えました。

そしてコロナ禍で毎日出社することが当たり前ではなくなったし、オンラインで会うことを厭わなくなりました。つまり、多くの会社でこの働き方の大転換が起きてから、まだ半年しか経っていません。ベテランにとってもまだ手探りの最中です。

リモート中心になることでマーケターの大半はデジタルマーケの重要性が増したと言います。オンラインセミナーも当たり前になり、これまでと違う新しい方法論が必要です。

これまで多くのビジネスマンには無関係だった、動画撮影・編集・配信・拡散の技術が今あらゆる場所で求められています。その技術や知識は新卒社員世代の方が豊富のはず。その意味で、新卒者にとってはチャンスとも言えるかもしれません。

たとえて言うならば、同じスポーツではあるけれど、ルールが変わったようなものです。

ベテランのアドバンテージは依然としてあるけれども、新卒社員ならではの先入観のないデジタル活用のアイデアが新しい活路を開くことが増えそうな気がしています。

073 / 105

タイピングが遅くても大丈夫

隣の人に「あれ、どうなってたっけ？」の声かけが通じないリモートワークでは、こちらのリクエストを言葉で的確に相手に伝える力が必要です。

そのやりとりの中心にあるのは、ビジネスチャット。

1対1のチャットならば、多少タイピングが遅くてもこちらの返事を待っていてもらえます。ですが、目の前で複数人の投稿が飛び交っているタイミングに、入力の遅さゆえに入っていけないとあっという間に話が進んでしまうかもしれません。

でも、常に関係者全員がそのチャットでの議論にリアルタイムに参加できているわけではありません。別件で会議中の方も、休暇中の方も、他の作業に集中してチャットから目を離している方もいるはずです。

多少タイミングを逸しても、言いたいことがあるならば「14時頃にチャットで話題になっていた○○の件ですが」と切り出して、主張すればいいと思います。

次の話題に移ってしまっているのに、過去の話題を蒸し返すのを控えた経験がある方もいるでしょう。そんなときは、チャットの一つの投稿に対してスレッド形式（投稿への返事をツリー形式で表示）で返信する方法もありますので、活用しましょう。

また、議論が紛糾しているなら、チャットでの議論はやめて別途オンライン会議を開けばよいのです。

ですのでチャットでは、タイピングの速さなど気にせず、自分のペースでコメントすればよいと思います。

それでもタイピング速度を上げたいと思ったら

それでもタイピング速度に悩んでいる方に、タイピング速度を補う手段をいくつかご紹介します。

▶エディタで書いてコピペする

２～３行しかない狭いチャットの投稿窓に直接書き込むのではなく、別ウィンドウで立ち上げたテキストエディタの広い画面でコメントを書いて、チャットにコピペして投稿するのもよいでしょう。書き途中で投稿されてしまうミスも防げます。

▶単語登録・定型文メモ

メール用に「お世話になっております。○○です」といった定型文句を、単語登録している人も多いでしょう。

チャットにおいては、こういった形式的な挨拶は多くないですが、それでもやはりよく使う単語を普段使う日本語入力システムに登録しておくと便利です。

- ☑ 会社名、製品名、社内用語、プロジェクト名やそれらの略称などの固有名詞
- ☑「お疲れ様です」「よろしくお願いいたします」「了解しました」「ありがとうございます」といったよく使うメッセージ
- ☑ 自分がよくタイプミスする用語
  (たとえば「します」を「しあmす（siamsu)」と書いてしまうなど)

日報や週報などの報告用フォーマットが決まっているならば、それもすぐに呼び出せるようにしておきましょう。

ビジネスチャットツールに定型文として保存できる機能を使ってもよいですし、テキストファイルとしてデスクトップに保存しておくだけでも便利です。

▶音声入力を使う

音声入力という作戦もあります。

Windows でも Mac でも、スマホやタブレット用の OS である Android も iOS も、音声入力に対応しています。オンライン会議用のイヤホンマイクを耳につけて、音声入力を ON にしてしゃべってみます。

まずは、チャットの投稿窓ではなく、メモ帳などテキストエディタに入力しましょう。エディタ上で変換ミスを修正して、入力した文字列をコピー＆ペーストでチャット窓へコピーして投稿するのです。

タイピングに慣れている人もしゃべるスピードには負けます。変換ミスの修正程度で投稿できるならば、遜色ない速さで返信できます。

音声で正しく入力するポイントは、誤変換をなくすために滑舌よくハキハキとしゃべることです。日本語は同音異義語が多いにもかかわらず、最近の音声入力エンジンは文意を読み取り、けっこう正確に漢字変換してくれるので驚くかもしれません。

ただし、音声入力は固有名詞の変換が非常に弱いです。「シックス・アパート」と発音しているのに「6アパート」と入力されてしまうことなんてよくあること。辞書にない固有名詞は正しく変換されません。

それは後で直すとして、まずは言いたいことを音声で入力しきってしまうのが楽です。

074／105

オープンスペースで仕事をするときの注意点

カフェや図書館など、オープンスペースで仕事をするときには、以下の点に注意しましょう。

オンライン会議は声が丸聞こえのところでしゃべらない

オープンスペースでオンライン会議に参加するとき、会議相手の音声はイヤホンを通して自分の耳にしか聞こえませんが、少なくともこちらの声は周りの人に丸聞こえです。**機密事項を含む話をするオンライン会議の場合は、オープンなカフェで行うのは控えましょう。**

自宅やオフィスを利用できない場合は、レンタル会議室や、フォンブースのあるコワーキングスペース、カラオケボックスやホテルのデイユースなどの個室を利用しましょう。

ショルダーハックに注意

「ショルダーハック」とは肩越しに画面を盗み見られること。

カフェでノートパソコンを開いて作業をする際にはスクリーンフィルタを付ける、なるべく壁を背にする位置に座る、プレゼンスライドのタイトルなど画面にでかでかと社名が出るページの編集はなるべく控える、などの対策をしましょう。

無料WiFiを使う時の注意

無料WiFiの利用については会社ごとにルールがあると思います。

無料WiFiが利用可能である場合には、通信の傍受を防ぐため、WiFiネットワーク名の横に鍵マークが表示されている暗号化されているネットワークを使いましょう。その上で、利用するサイトも「https」で始まる通信が暗号化されているページを利用するとさらに安心です。

無料WiFiが使える場所にいるときも、可能であればモバイルWiFiやスマホでのテザリングなど手持ちの回線を利用できるならば、そちらの方が安心です。

長居しない

カフェの場合は、ドリンク1杯での長居はカフェにもご迷惑になります。ほどほどのタイミングで移動するようにしましょう。

075 / 105

大事なものを紛失しないために

ノートパソコンを紛失したら、大問題です。

カフェやコワーキングスペース、図書館など、自宅外でパソコン作業をした後に場所を移動するとき、面倒でも必ず以下の確認をしましょう。

トイレに立つ際には最重要アイテムは全部持っていく

不特定多数が使うカフェや図書館で、一人で仕事をしているとき、**トイレに立つ際には、最重要アイテムであるスマホ・パソコン・財布・鍵・名刺入れは鞄にまとめて盗難防止のためにトイレに持ち込みましょう。**

そのためにもリモートワーカーの鞄は全部入れられる大きいものが必須です。

最重要アイテムは鞄の中にあることを触って確認

別の場所に移動するときには、鞄の中に最重要アイテムが全部揃っていることを触って確認します。心の中で「スマホ・パソコン・財布・鍵・名刺入れ」と呪文のように唱えながらです。ときには小声でつぶやくこともあります。

この絶対なくしたくない最重要アイテムは、人によって違うでしょうから唱える呪文は変わるはず。

鞄の外側に入っているものから順に、など自分にとって使いやすい呪文を作って覚えるとよいと思います。

移動の前に使った場所を指差し確認

ケーブルやペンやメモなどの忘れ物がないかを、自分が使った場所を指差し確認します。

確認すべきは、テーブルの上下、コンセント周り、イスなどです。どこにも忘れ物がなければOK。特にテーブルの上は、飲み終わったグラスや紙ナプキンなどでごちゃごちゃしていて見落としがち。イスの下や足元のコンセントも、かがんで確認します。

「指差し確認」は比喩ではなくて、ほんとに1箇所ずつ指差しするのをオススメします。この指差し確認のおかげで忘れ物をしないですんだことが何度もあります。

探し物トラッカー

念には念を入れて、**財布や鍵には探し物トラッカーの「Tile」を入れています。**分厚いコインくらいの大きさの端末とスマホをBluetoothで接続することで、相互に音を鳴らして見つけることができるデバイスです。

家の中でもスマホアプリから、鍵ケースにくっつけたtileを鳴らすことで、すぐに見つかるのも便利です。逆にTileのボタンを押すことで、スマホを鳴らして呼び出すこともできます。

出先で「財布がない！」と気づいたときはTileの出番です。スマホのアプリで最後に接続した場所を確認できるため「ああ、家に置き忘れているだけか」と安心できます。

付属品はステッカーを貼って自分のものだとわかりやすく

とはいえ、そこまでやっても忘れるのが人間です。

私もこれまでいろんな場所に電源アダプターや、USBハブ、ワイヤレスイヤホン、名刺入れまでも置いてきてしまったことがあります。幸い、ほとんどは後から問い合わせて見つかりました。

問い合わせてすぐ見つけられた理由の一つは、付属品にもステッカーを貼って自分のものだとわかりやすくしていたからだと思います。たとえば、「オレンジのキャラクターのステッカーが張ってあるアダプタです」と言えば、お店の方もすぐ気づいてくれます。会社備品でステッカーを貼れない場合には、すぐに剝がせるマスキングテープを貼っておく手もあるでしょう。ケーブルにはステッカーは貼れませんが、代わりに種類ごとに派手な色のケーブルを使っています。

赤はMacBook用のUSB-Cケーブル、青はスマホのLightningケーブル、ピンクはMicroUSBなど色を決めておくと、セットアップ時にも便利ですし、撤収の際も目立つので忘れにくいです。

外で働くときの注意点

①周りに聞こえたら困る
話をしない

②「ショルダーハック」
に注意する

③トイレに立つ際には
重要アイテムは持っていく

④忘れものがないように
指差し確認を

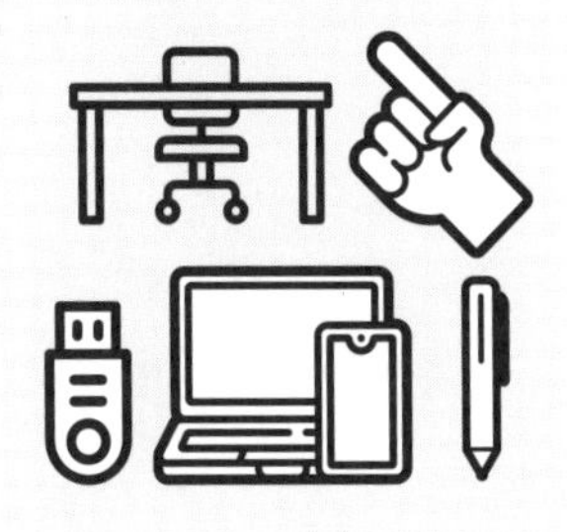

076 / 105

リモートで成果を出せないときは

しばらく自宅で働いてみて「やっぱり無理だ！　誰かの目がないと、自分を奮い立たせて仕事できない」**そう気づいたならば上司やチームリーダーに相談して、目を借りましょう。**

上司はあなたも含めてチームをマネジメントし、チーム全体の成果を上げるのが仕事。だからこそ、ご自身の課題はちゃんと伝えて一緒に解決策を探るべきです。

たとえば、成果の計測をより小刻みにし、今週の目標・今日の目標などとドリルダウンして、それに向けてのアクション数を上司と共有する。オンラインでの報告頻度を増やし、1日2回10時・17時と決めるといった方法があるでしょう。ただし、上司とのコミュニケーションを増やすことが大きなストレスなのであれば、この解決策は有効ではありません。代わりに他の誰かをメンターとしてアサインしてもらうこともよいかもしれません。

やるべきことがあるのに毎日サボってしまうならば誰かに相談して解決策を探るべきですが、全然乗らない日もあるのは人間だからしょうがない。巻き返す気持ちがあれば大丈夫です。

仕事は短距離走じゃなくて、マラソンだと思います。途中で転んで棄権しないように自分のペースでやりましょう。仕事自体にやる気が湧かないなら、転職も考えるタイミングなのかもしれません。

あの人全く働いてないのでは？　と思う人に気づいたら

リモートワークになると如実にメンバーのアウトプットの差がわかってしまうものです。「あの人からのアップデート、全然ないな」と思うこともあるかもしれません。

でも、その人を評価するのが自分でなく誰か他の人の仕事であれば、気にするのはやめましょう。

見えないのだから、見なければいいのです。オフィスにいてデスクに座っていたってやってない人は何もやってません。

そのことが、リモートワークになって上司にはこれまで以上に明確に可視化されたと思いますし、周りにいるあなたも気づきやすくなったことでしょう。

問題なのは、その人がボトルネックになって自分の仕事に大きな影響が出ている場合。そのときは、その人を介さず仕事を進められる仕組みに変更するなど、自分がコントロール可能なことで対応しましょう。アサインやワークフローを変えてもらうことが有効かもしれません。

077 / 105

クライアントにリモートでの業務遂行の許可をもらうには

社内の事情ではなく、クライアント側の要求でリモートワークできない。そんなこともあるかもしれません。

大手企業のアプリ開発を多数手がけるフェンリル株式会社では、2020年2月頃より感染症対策として社員の安全確保のための在宅勤務推奨を開始。同時に在宅勤務を可能にするための交渉を各クライアントへ行いました。

在宅勤務が進んでいる企業をクライアントに持つチームでは、スムーズにリモートワークへの移行が進んだと言います。

一方で、交渉に時間がかかったのは、金融機関をクライアントとするアプリ開発でした。それまでは、セキュリティ上の理由で、オフィスでしか開発できない・外部のクラウドツールを利用できない・ソースコード管理も社内のサーバーのみといった状況下で開発を行っていました。4月の緊急事態宣言を機に、クライアントの理解をいただき在宅での開発に移行したそうです。

在宅での開発に移行するにあたって、以下のようなルールを定めました。

- ☑ 社内サーバーへの外部接続を許可するようシステムをアップデート
- ☑ 働く場所は、自宅からのみ、できれば一人になれる場所にする
- ☑ 暗号化されたWiFiを使う
- ☑ オンライン会議ではヘッドセットを使い、なるべく家族に会議の音声が聞こえないようにする

この事例のように緊急事態宣言下という状況であれば、クライアントの理解も得やすいかもしれません。緊急事態宣言が再度発令されるのは望ましくありませんが、台風など不要不急の外出を控える必要がある時期は毎年ほぼ必ずやってきます。

機密性の高い業務をリモートで行う可能性があることを前提に、非常時ではないときにこそ、リモートで業務を遂行するためのルールやシステム作り、連絡手段についてまとめておくとよいでしょう。

078 / 105

リモートワークにおけるオフィスの役割

「全員がリモートワークで仕事が回るなら、そもそもオフィスなんていらないんじゃない？」

そう言われることがあります。

シックス・アパートは、小さいながらも神保町にオフィスを設けています。30人の従業員に対し、30坪ほどのコンパクトなスペースです。間取りは、総務メンバーの固定席2席＋フリーアドレス10席ほどの執務室、12人入る会議室、定員3人のソファのある休憩室、給湯室、3畳ほどの倉庫。これだけです。

全員出社したらオフィスに入りきれません。オフィスをなくすという選択を採らなかった理由は、オフィスにも重要な役割があるからです。

シックス・アパートのオフィスには、以下の４つの役割があります。

1　社員専用のコワーキングスペース

リモートワーカーにとって自社オフィスは、いわば同じ会社のメンバーだけが使えるコワーキングスペースです。会議のために出社し、終わったら社内の空いているデスクで作業する。または、外出のついでにオフィスに寄る。

家でなくオフィスの方が働きやすいと思う日は、オフィスに出社して働く。そんな風に個人の都合に合わせて気軽に使えます。

オフィスに行けば複合機もあるので、カタログ資料の最終チェックのために紙に印刷しての確認や、新聞に掲載された自社記事をスキャンすることもできます。

2 社員のコミュニケーションの場所

神保町オフィスの重要な役割の一つが、気楽な社員同士の雑談場所です。

オンラインではしょっちゅう話をしていても、実際に会うのは数週間ぶりということがほとんど。オンライン越しよりも、顔を見れば話が盛り上がります。出社するたびにオフィスにいるメンバーが違うので、別のチームのメンバーとも雑談する機会も増えました。毎日オフィスに出社していたときよりも、声をかける人の数は増えているように思います。

広めの会議室も役に立ちます。会議場所としてはもちろんですが、交流の場としても重要です。缶ビールやワイン、ソフトドリンクなどの飲み物と、近所のレストランのテイクアウトやスーパーで調達してきたおつまみを並べてオフィス飲み会をほぼ毎月開催しています。

社外の方を招く会議室

他社の方と対面で打ち合わせしたいとき、こちらから先方のオフィスに伺うこともできるのですが、遠方からの来訪者や、入社面接などのためにも、自社専用の会議室は必要です。

会議室は、広報ブログ記事やメディア取材のために撮影する写真の背景となる機会も多い場所です。写真映えする素敵なエントランスを設けていない狭いオフィスなので、絵になる場所はここだけ。

なので、会議室の壁には会社ロゴや製品名、キャラクターをマグネットで貼り付け、時々のシーンに合わせて貼り替えて、雰囲気を変えられるようにしています。

紙や物のための場所

会社を運営している以上、各種書類や機材、マーケ資材などを保管する場所が必要です。また、郵便物の宛先としてもオフィスは欠かせません。といっても物のために高い賃料を払うのはもったいないので、会社に保管するのは小さな倉庫スペースと4つのキャビネットに収まる範囲と決めて、管理しています。

その代わり、一定期間の保管が必要な経理書類や契約書などの原本は、ダンボール単位で外部の倉庫に預け、オフィススペースを節約しています。1箱あたり120円（税別）／月で保管してもらえるので格安。配送料を払えばいつでも出庫できます。

さらに保管期限が切れたら、溶解処理もしてくれるのも便利です。シックス・アパートは数十箱預けています。

079／105

普段はどこで働く①
自宅で働く場合

どこで働いてもよい場合には、どこで働くかを毎日自分で決めないといけません。

働く場所には、大きく分けると３つの選択肢があります。

- ☑ 家族と自分の居住空間の一角である「自宅内のワークスペース」
- ☑ 自社専用のスペースである「オフィス」や「サテライトオフィス」
- ☑ 自宅でもオフィスでもなく、誰でも利用できるオープンなスペースである「コワーキングスペース」や「カフェ」や「公園」、「図書館」など

会社のルールによっては「家かオフィスのみ」もしくは「オフィスかサテライトオフィスのみ」と決まっている人もいるかもしれません。

自分が選べる選択肢の中で、一番働きやすい（移動しやすい、仕事がはかどる）場所はどこですか。

お出かけしなくていいし、大きなモニターも体に合ったイスもある自宅がベストという人もいるでしょう。家だとリラック

スしすぎるし、多少ザワザワしている方が集中できるのでコワーキングスペースを本拠地にしたい人もいるでしょう。そこがいつものワークスペースになります。

いつものワークスペースが決まったら、特別な予定がない日は、朝起きて迷わずいつものルーティーンの中でそこに向かって働くことになります。

自宅

リモートワーカーの働く場所として最も多いのは家です。

必要な機材と環境が整っているならば、多くの人にとって自宅が最も快適なワークスペースです。好きな飲み物も揃っているし、気軽にトイレに立てるし、スマートスピーカーにも話しかけられるし、休憩中のストレッチなどもやりやすい。

家は気兼ねなく使える自分と家族のスペースですし、一日中ずっと同じデスクに張りつくのではなく、思い切って自由に使いましょう。

- ☑ ソファにゆったり体を預けつつ、膝上のクッションテーブルにノートパソコンを置いて調べ物をする
- ☑ 一人ブレストとしてアイデアをたくさん出したいときは、付箋を壁にペタペタ貼って手を動かしながら考える
- ☑ 座ってばかりの姿勢を変えたければ、デスクの上に箱を置いて高さを出したり、ちょうどよい高さの棚の上にパソコンを置いたりして、スタンディングデスクにして作業する
- ☑ 書き物仕事は、デスクのパソコンの音声入力をONにして、ワイヤレスイヤホンを装着したまま、家の中をうろうろ歩

きながらしゃべって入力する

- ☑ 子どもの勉強を見ながら仕事をしたいときは、ダイニングテーブルで並んで座る
- ☑ 風が気持ちいい季節は、ベランダや庭のガーデンテーブルに移動して外の草木を眺めながら仕事する

家を快適な仕事場にするためにできる工夫の余地はたくさんあります。ご家族の邪魔にならない範囲でできることを考えてみてください。

080／105

普段はどこで働く②
自宅以外で働く場合

オフィスまたは自社専用スペース

必要なときだけ出社するワークスタイルになると、オフィスは「会議があるから行く」「オフィスにある機材を使う必要があるから行く」といった用事があるから行く場所になります。

とはいえ、用事がなくてもオフィスの方が快適なときは、いつでも出社すればよいと思います。会社のオフィスには、仕事に必要な設備も資料も会議室もすべて揃っています。

オフィスは仕事をスムーズに進めるために最適化されたスペースなのですから、リモートワーカーも用事がなくともオフィスが快適ならばいつでも行けばよいのです。

普段は家が快適な人も、家にいるとしんどい日もありますよね。たとえば、家族とけんかしたとか、失恋して家に一人でいるより会社でみんなの中にいるのが気が紛れて楽な日とか、自宅のエアコンが効かないほど暑い／寒いときとか、近所の工事の音がうるさすぎるときとか。

雑談が足りないなあと思ったら、同じく出社している同僚と雑談するために行くのも良いと思います。

オフィスは、社員専用のコワーキングスペースです。家を離れたいという理由で使ってもよいのです。満員電車に乗って朝から行かずとも、時間をずらせば電車も空いていて快適です。

日中の移動が問題なければ、家で朝早めに仕事をして、午後に出社、早めに帰って残りは家で仕事というスタイルもよいでしょう。

会社が契約しているサテライトオフィス

サテライトオフィスは、メインのオフィスから離れた場所に会社が用意するオフィスです。その形態もさまざま。自社専用のサテライトオフィスを持つケースと、他社と共用のスペースの一角を利用しているケースがあります。後者は、会社が社員向けに契約しているコワーキングスペースの場合もあります。

立地についても、郊外に本社がある企業が都心エリアに設ける「都心型」、オフィス近郊のベッドタウンに設けられていて都心への通勤を避けられる「郊外型」、出張時利用などを想定した地方に設ける「地方型」があります。

実際のところ、サテライトオフィスを設けているのは一部の大手企業に限られているため、自社では関係ないと思われる方も多いかもしれません。

ですが、郊外型と地方型については、総務省が地方創生の一環として、全国各地でサテライトオフィス誘致のための「おためしサテライトオフィス」事業を行っています。

自宅や実家の近くにこのようなサテライトオフィスがあれば、体験してみるのもよいでしょう。

コワーキングスペース

ここ数年で、コワーキングスペースの数が一気に増えました。

不動産サービス企業のJLLが2018年12月に発表したレポート「東京都心５区におけるフレキシブル・オフィス市場の新時代」によると、面積ベースで2019年に約20%（2018年末比）、2020年にはさらに30%（2019年末比）程度拡大すると予測されています。

コワーキングスペースには、２種類の利用形態があります。

▶月額契約

毎月定額の料金で、決まった時間スペースを自由に利用できるもの。平日日中のみ、平日夕方以降の時間のみ、土日のみ、など複数のプランがある場合もあります。同じ場所を頻繁に使うのであれば、月額契約の方がお得になる場合が多いでしょう。

▶ドロップイン

１日単位または時間単位で、スペースを利用した分の料金を支払うもの。使いたいときだけ利用できるので便利です。

コワーキングスペースを選ぶ際には立地に加えて、こんなポイントに注目するとよいと思います。

- ☑行きたい時間帯のワークエリアの雰囲気
- ☑電話やオンライン会議ができるフォンブースや個室の有無

☑ 利用者のオンライン会議の声が漏れ聞こえないか確認
☑ 貸し出しアイテムの有無と種類
※パソコンやスマホの充電ケーブルや、サブモニターなど
☑ プリンター・スキャナーなどの機器利用料金
☑ 会議室のレンタル方法と混み具合と料金
☑ トイレが男女別かどうか
☑ トイレ個室に荷物置きスペースがあるか
※ノートパソコンやスマホなどをトイレまで持っていくため
☑ 交流も期待している場合は、運営側がコミュニティ作りやイベントに力を入れているかどうか

家の近く、もしくは訪問先の近くのコワーキングスペースを探すならば「地域名　コワーキングスペース」で検索してみるとよいでしょう。

カフェ

在宅勤務で行き詰まったとき、気分転換を兼ねてカフェに移動して仕事をする人は多いです。あまり長居はできませんし、コンセントを利用できないカフェも多いので、ノートパソコンの電源が持つまでと決めて集中作業場所にするのもいいと思います。カフェにいると作業に集中できる気がするのは、この時間制限が功を奏しているのかもしれません。

カフェが用意している無償のWiFi利用はセキュリティ的にNGな会社も多いでしょう。その場合は、自分のスマホの4G回線を使ってパソコンをネット接続するテザリング機能を利用します。スマホのバッテリーの減りが早くなるので、モバイル

バッテリーを持っているとよいでしょう。

また、テザリングで通信を使いすぎるとギガ不足に陥って通信制限がかかる場合もあります。カフェワーク中はYouTubeなど重たい通信は控え、資料作成やメール返信などあまり通信量を使わない仕事に集中するのがよいと思います。

公共施設

最近の図書館や公民館には、リモートワーカー向けのデスクを用意しているところがあります。

場所によっては予約必須かつ争奪戦だったりするのですが、席を確保できたら、空調も快適で、静かな環境で集中できるでしょう。

ワークスペースとして利用できる場所が増えています

これまで別の用途だったスペースをリモートワーカー向けのワークスペースとしても使えるようにしている事例が増えています。街中のあちこちにあるので、客先訪問の隙間や移動中緊急で作業したいときなどに便利です。

▶個室型ワークスペース

駅構内やオフィスビルのエントランスの片隅に、広めの電話ボックス状の個室が複数並んで設置されているのを見かけるようになりました。中にデスクとイスが設置されている個室型ワークスペースです。個室になっているため、後ろから画面を覗かれる心配はありませんし、声の漏れや背景を気にせずオンライン会議ができます。

15分単位の料金で利用できるため、急ぎで見積書の一部を修正して送り直したいといったときに駆け込んでその場ですぐ作業できるのが便利です。

▶カラオケボックスのワークスペース利用

カラオケを歌いに来る人が少ない平日日中の時間を活かし、ワークスペース利用のためのプランを提供するカラオケ店もあります。一人での作業はもちろん、カラオケ用の大きいモニターにノートパソコン画面を映して複数人での会議にも最適です。

▶ホテルのテレワークプラン

テレワーク利用を想定した日帰りや宿泊プランを提供するホテルも登場しています。自分も積極的に発言する緊張感あるオンライン会議を複数予定している日や、オンラインセミナーのスピーカーとして出演する日などは、家族の邪魔にならぬようホテルにこもって対応するのも良い選択だと思います。

▶ネットカフェ

オンライン会議には向いていませんが、ブースにこもって一人作業をするなら快適です。また、出先での予定の合間にドリンクバーを利用して一息ついたり、仮眠をしたり、休憩するにもちょうどよさそうです。

▶スーパー銭湯内のワークスペース

ここ数年のサウナブームで最近周りのビジネスマンからよく聞くようになったのが、スーパー銭湯内のワークスペース利用です。ひとっ風呂浴びてすっきりすると、作業がはかどるのかもしれません。ワークアワーに湯に浸かっているのが、気が引けるならば、土日や有給休暇など個人的な活動をする日に使うのもよいでしょう。

▶コインランドリー

最近はカフェやコワーキングスペースを併設するコインランドリーも出てきました。洗濯の間の数十分の時間を、明るいカフェで仕事をしながら過ごすのは良いマルチタスクです。

行き帰りの荷物が多くて大変ですが、近くにあれば試してみる価値はありそうです。

▶マンションやシェアハウスの共有スペース

マンションやシェアハウスの共有ラウンジで仕事をしている人もいます。自室内にワークスペースを用意しなくていいため部屋を広く使えますし、外に出ることでONのモードに切り替わり仕事がはかどりそうです。

分譲マンションの共用設備としてコワーキングラウンジを完備するところが増えているという話も聞きます。

▶公園

公園や川沿いのベンチにパソコンを持ち込んで作業するのも気分が変わっていいと思います。人が少ない場所であれば、オンライン会議の参加も可能かもしれません。

リモートワークの働く場所

自宅

カフェ

コワーキングスペース

オフィス

図書館

個室
（カラオケボックスなど）

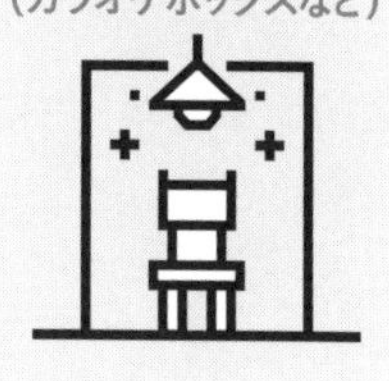

公園

…などどこでも働ける

081／105

旅行先・実家、どこからでも働けます

旅行先から働くワーケーション

ワーケーションとは、ワークとバケーションを組み合わせた造語です。旅先で仕事をし、プライベートの時間は旅行先のアクティビティを楽しむ。新しい働き方でもあり、休み方でもあります。

テキストチャットや音声のみのオンライン会議でやりとりすることが多いシックス・アパートのワークスタイルでは、画面の向こうの相手がどこにいるのかは聞かない限り全くわかりません。

実際にこんな働き方をしていたことがありました。

▶思い立って、伊東温泉で合宿ワーク

ある日、IT チームのメンバーにメルマガ配信ツールについてチャットで相談していたところ、「そういえば話は変わるんだけど、今 IT チーム合宿と称して伊東温泉にいるんだよね」と教えてくれたことがありました。

数日前に思いついて、今朝から IT チーム二人で旅に出ることに決めて、今は現地の温泉宿のラウンジにパソコンを並べて

働いている、と言います。

相談をしていた側としては、彼らが旅行先にいることに全く気づきませんでしたし、旅行先からでもレスポンスがあれば何にも問題ありません。二人は道中美味しいものを食べたり、業務終了後には温泉にゆっくり浸かったりと、フルタイムの仕事をしながらもリフレッシュできる1泊2日だったそうです。

▶仕事の予定が変わっても、旅行先から対応

ある夏に香港へ1週間の家族旅行の予定を立てていました。当初の計画では、旅行前の週に製品リリースのニュース配信などすべての仕事を終え、香港に向かうはずでした。

ですが、製品リリースの準備が遅れ、旅行中にニュース配信の作業が必要になったのです。どこからでも仕事ができるのであれば、急遽発生した作業を現地からこなすことで、旅行の予定を大きく変えずにすみます。

このときは香港到着翌日の午前半日を勤務日として、現地のAirbnbの宿から作業をこなすことで対応できました。

帰省ワーク

シックス・アパートのある社員は、普段は都内に住んでいますが、毎年2月には雪深い秋田のご実家へ未就学児の子ども連れで帰省しています。

2月に帰省する理由は、秋田県湯沢市で開催される巨大な犬の雪像にお参りする祭り「犬っこまつり」の参加のため。子どもを犬の雪像に乗せるのが、このお祭りの慣わしで、社員本人も小さい頃に参加していたそうです。そして今は子どもと一緒

に参加しているそうです。

帰省ワークの良いところは、有給休暇を消費しないで済むため実家にゆっくり滞在できるところです。毎年帰省しているので、実家にも光回線とワークデスクを完備しています。

平日日中、本人が仕事をしている間、ご家族が子どもとたっぷり遊んでくれているそう。せっかく秋田にいるので、東京ではできない雪遊びを楽しんでいるそうです。

闘病中のご家族をサポートしながら仕事

最後に、シックス・アパートの働き方で最も心に残っている事例を紹介します。

都内に住むある社員が、月の半分ほど大阪のご実家に帰り、闘病中の母親のサポートをしながら働いていたときの話です。

彼女は、ご家族のサポートを最優先で行いながらも、移動中の新幹線の中や、病院の待ち時間、実家にいる時間など、隙間時間を見つけて仕事を進めていました。

「大阪で闘病をしていた母のサポートをしながら仕事をできたことは、母がすごく感謝していましたし、娘がそういう会社で働いていることが大変自慢だったようです。

病院の先生や看護師さんに、取材された新聞記事を見せて『娘はリモートワークをしてる』と語っていたそうです。実家の母のサポートをしながら仕事を続けられたことは本当によかったと思います」と、語っています。

どこにでも仕事を持っていけるからこそ、長期間休まなくても家族のための時間を作れます。仕事のために暮らしをないがしろにしない、暮らしのためにも仕事をないがしろにしないですむ働き方は、責任感を持って仕事をしているからこそありがたいのです。

ご家族のために毎月帰省しながら働く経験を経て、彼女はこう思ったそうです。

「人生のステージごとにいろいろなでき事があって、仕事で100%のパフォーマンスが出せない時期が多少あってもいいのだと思えるようになりました。特に、人に対してもそう思えるようになったのがよかったです。子どもを産んだ人だけ、病気を持っている人だけ、そうした特権的な働き方ではなく全員がそうやって働く権利を平等に持っていることで、心の余裕や優しさも生まれた気がしています」

全力で仕事にコミットしたい時期も、プライベートの暮らしに時間をかけたい時期も、それぞれに合わせた働き方ができるのがリモートワークの良さです。

082 / 105

リモートワーカーの集まり方

直接顔を合わせて交流することは、互いの信頼関係を培う土台です。これまでもこれからもずっと重要です。みんながバラバラに働くリモートチームのリーダーは、メンバーが全員集まる機会を作りましょう。

会議など仕事で集まる機会の前後には、ぜひコミュニケーションのための時間も確保してほしいです。普段は離れているリモートのチームだからこそ、実際に会う時間には互いの近況の話ができます。交流の少ないメンバーとも会い、顔を合わせて話すことで伝わる情報量はとても多いもの。また打ち解けておけば、その後オンラインでも相談しやすくなります。

リモートチームが集まる機会はこんなとき

▶プロジェクトのキックオフ

キックオフは、「このメンバーでこのゴールを目指そう！」と、みんなが認識を一致させて同じ方向を向くための機会です。リモートチームにとって重要な互いの役割分担を共有し、疑問点があれば直接話し、翌日から始まるプロジェクトをスムーズに進行させるための貴重な機会です。一番モチベーションの高いこのタイミングこそ、集まって目的を共有しましょう。

▶新しいメンバーが参加するとき

リモートチームに新しいメンバーが加わる際には、顔合わせをしましょう。すでにできあがっているチームに後から入るのは緊張するものです。メンバーの顔と役割を覚えるには、直接会って話すのが一番早いです。チームメンバーにとっても、新メンバーと直接話して人となりを知り、役割を把握することで仕事をお願いしやすくなります。

▶企画のブレスト

まだ形が定まっていない企画を固めていくときは、メンバー全員から大小さまざまなアイデアをできるだけ多く拾い集め、そこから発想を膨らませ、発展させ、実行可能なプランに集約していくといったプロセスが必要になります。オンラインでそれを実現するツールもあるけれど、集まった方が早い＆精度が高いならば、集まってやりましょう。

▶定期ミーティング

やるべきことが定まり、それぞれの役割もはっきりして、プロジェクトが回り始めてからの定期ミーティングは移動時間のロスを省くためにもオンラインに切り替えて良いタイミングです。その場合も必要に応じて、月1回なり数ヶ月に1回なり、全員集まって話す機会があるとよいでしょう。

▶全社ミーティング

会社としての方向性を共有し、一体感を培うためにも、四半期ごとや半年ごとなど、たまに全員で集まる機会があるとよいと思います。

▶緊急時

通常時のリモートワーカーはテキストでログが残るチャットやクラウドツール経由のやりとりが重要ですが、緊急時は別です。直接話しながら、ホワイトボードに最新の状況を整理しながら進めた方が早いことが多いはず。緊急対応が必要なときは、チーム内コミュニケーションのタイムラグを限りなくゼロにすべく、集まれる人だけでも集まる場所を用意しましょう。

▶打ち上げ

誰かがチームから離れたとしても、またはプロジェクトが終わってチームが解散するとしても、仕事を通して培った信頼関係は長く続きます。SNSでずっとつながっている時代です。別のプロジェクトで一緒になることもあるでしょう。チームを作るときも大事ですが、チームから離れるときもちゃんと顔を合わせ「また会おう」と言える機会が作れるとよいと思います。

▶思いついたときにいつでも

用事がなくても、思いついたらいつでも集まればいいと思います。ふらっとオフィスに行って、その場にいる人と雑談をしてもいいでしょう。「来週の火曜は、西新宿のコワーキングスペースで働く予定です。高層ビルの23階にあって眺めも最高です。興味ある方いたら、ぜひ一緒に仕事しましょう。ランチはイチオシのカレー屋、ご紹介します」のようにビジネスチャットに書き込んで、募るのもよさそうです。

083／105

リモートワーカーが集まる場所

リモートチームが集まる場所

リモートチームが集まる場所についても、オフィスはもちろんいろんな選択肢があります。

▶自社のオフィス

リモートチームが集まろうと思ったとき、集まる場所の選択肢として、最初に考えるのは自社オフィスでしょう。ワークスペースとしても、会議室としても、自由に使えるのが魅力です。

さらに、会社が許すなら会議室はそのまま懇親会会場にもなります。しばらくぶりにみんなが集まる会議だったら、終了後にドリンクとケータリングを手配して、そのまま会議室で懇親会を設けるのも良いアイデアです。

▶レンタル会議室やレンタルスペース

オフィスの会議室が埋まっている場合は、レンタル会議室やレンタルスペースが次の選択肢になります。あえて会議室っぽいところではなく、内装がお洒落なモデルルームのようなスペースや、大画面のホームシアター設備が整ったスペース、座敷でまったりできるスペースなど特徴のある場所を選んでも、楽しいと思います。

▶近所のカフェ

少人数の会議であれば、わざわざオフィスに集まるよりも参加者にとって都合の良いエリアのカフェなどに集まるのもアリです。

たとえば、中央線沿線在住のメンバーばかりのチームで集まる必要があるならば、それぞれの中間点である吉祥寺で会おうということもアリです。

084／105

クラウドサービスに切り替えられる「紙」を探そう

多くの企業にとって「紙」は、リモートワークに切り替える際のハードルの一つです。とはいえ、すべての書類を一気になくすことはできません。

法律で紙での保管を定められている書類もありますし、クライアントに電子化を依頼することが難しい場合もあるでしょう。可能なところから電子化を進めていくのがよいと思います。

定型化された業務、たとえば契約、人事労務、経理を支援するクラウドサービスが多数あります。

たとえば契約書の捺印については、契約を取り交わす両者の同意があれば、紙もハンコも使わない電子契約に切り替えられます。報告書・提案書・計画書・議事録など、社内で回覧される紙の書類を代替するならば、GoogleやMicrosoftのオンラインツールが便利です。

指定したメンバーのみ閲覧や編集できる権限設定も可能です。さまざまな経理処理のためのクラウドツールも増えています。立て替え経費の申請も、スマホ撮影の領収書写真を添付して提出できるツールもあります。

これに加えて、雑誌や新聞の定期購読も電子化できます。ただし、多くのサブスクリプション（購読）型ニュースサービスは社内回覧できる仕様になっていないため、広報担当者のみ閲覧可能など制限が必要なのが課題です。

日経新聞は「日経電子版Pro」のサービスを利用することで、有料会員限定記事を社内共有できます。

085 ／105

リモートワーク不可能な人に後ろめたい気持ちをどうするか

リモートワークが不可能な仕事は世の中にたくさんあります。オフィスや工場の機材が必要な職種や、あらゆる対面での接客業務、電気・ガス・交通などインフラ関連の方、医療従事者などが思い浮かびます。

リモートワークが不可能な業種の人のことを考えると、ちょっと後ろめたい気持ちになることもあるかもしれません。

コロナ禍で全社在宅勤務を推進したアステリア株式会社の平野社長の2020年4月のブログに、次のページのようなことが書いてありました。

> 在宅勤務は自分たちのためだけではない
>
> 在宅勤務できない業種もあるからこそ、在宅勤務できる企業で1人でも多く市中の移動を減らす。そのことで、外出が不可欠な勤務の方々の市中接触数を減らし、感染リスクも減らすことができるのです。
>
> 「STAY HOME」は目的ではありません。市中での接触を減ら

すための手段なのです。だから自社だけの問題ではありません。

長年テレワークを推進してきたアステリアですら、全社員でこんなに長期間の在宅勤務は初めてです。事業への影響のリスクが無いとは言えません。それでも実施するのは、企業の社会の公器としての責任であり、このような状況でも在宅勤務できず第一線で社会を支えてくださっている方々への配慮と敬意でもあります。

だから、在宅勤務ができる企業や職種が、1人でも多く在宅勤務に動くように、私はこれからも在宅勤務をアピールします。一部の非難を恐れて、こっそり在宅勤務する必要はないんです。各社、できることをできるだけからでいいんです。少しずつでも積み上げれば、大きな力になるでしょう。

自分たちを守るためだけでなく、社会を守るために、可能な職場は1人でも多く在宅勤務を進めましょう。

当時はコロナウイルス感染拡大防止対策として「STAY HOME」が呼びかけられている時期。在宅で働くことが可能な人々が移動を減らし、満員電車の混雑を抑えることは、現場に行かなくてはいけないエッセンシャルワーカーの皆さまの移動負担軽減にもつながります。

それは感染症の脅威が収まっても同じです。

シックス・アパートの代表が、企業の経営層向けにリモートワークについて紹介するセミナーに参加した際、こんな質問が出ました。

「リモートワークが可能なオフィスワークメインの部署と、工場や店舗など現場に行くことが必須の部署があります。オフィスワークの部署だけリモートを許可することで、社内の雰囲気が悪くなることを懸念しています。どうしたらいいでしょうか」

確かに、リモートワークはオフィスワーク部門しか実現できないかもしれません。ただ、会社全体としてみた場合にリモートワークで効率化できたコストやリソースを現場に還元できる方法があるはずです。

たとえば、出社が必須の人には現場の近くに住みやすくなるよう手当を払う、または自転車や車などでも移動しやすいように駐輪場・駐車場を確保するなど、各々の企業でできることがあるでしょう。

リモートワーカーのための手当も必要ですが、リモートワークできない部署に所属する従業員のための手当や配慮についても考えてみましょう。

COLUMN #6

オンラインでも スムーズにやりとりするための ツール活用法

用途に合わせた多種多様なクラウドツールを活用

業務上のやりとりは、オフィスに集まっていた頃から各種クラウドツールを利用していましたが、リモートワークになってさらに用途ごとに細分化した便利なビジネスクラウドサービスを活用するようになりました。

ビジネスチャットを使い倒す

リモートチームの基本のコミュニケーションは、ビジネスチャットです。チームやプロジェクトごと、雑談用などトピックごとに分かれた複数のチャンネルが利用できます。個人またはグループ宛のDM（ダイレクトメッセージ）も可能です。シックス・アパートではSlackを使っています。

デスクワーク中は常にビジネスチャットを立ち上げています。

直接話をする代わりの相談や雑談の場であるのはもちろん、上に書いたクラウドツールのアップデートのお知らせも全部ビジネスチャットに届くように設定しています。ビジネスチャットには常に最新の情報が集約されています。いわば、ビジネスチャットがオンライン上のオフィスです。

会社の広報としては、SAWSに切り替えリモートワークになることで、社内の各チームの情報を集めにくくなるのではないかと不安がありました。でも、実際に始まると、チャットでは複数のチームのチャンネルに参加し、オンライン会議も聞くだけの参加、さらに開発や情報共有に使うツールの閲覧権限をもらうことで、現状の課題の議論や今後のアップデートの進捗などが、オフィスにいたときよりも情報として入ってくるようになりました。

「週刊シックス・アパート」ブログで社内にも社外にも発信

広報としては、リモートになったことでむしろ、各チーム内でのやりとりがより見えるようになりました。ですが、他の多くの社員は自分のチームに関連するアップデートだけに注目し、他チームの活動が見えなくなってしまう心配もありました。

そこで、広く社内の情報をチェックしている広報の出番と考え、「週刊シックス・アパート」という連載ブログ記事を発信することにしました。「週刊シックス・アパート」では、先週の社内の出来事や製品ニュースと今後のイベント・セミナー予定をお知らせし、毎週月曜夕方に公開しています。

週刊シックス・アパートには二つの読者ターゲットがいます。

一つは、社内。社内イベントやパーティーの写真レポート、一部メンバーがコワーキングに集まった日の感想、メディア取材記事の紹介に加えて、他チームの製品のアップデートについてもまとめて把握できるようにしています。そのため、不定期ではなく、毎週であることも重要です。毎週、広報が社内のニュースをとりまとめて毎週発信するということを社員は把握しているので、毎週何かしらアップデートを用意することに意識して協力してくれているのです。

もう一つの読者ターゲットは、シックス・アパートの製品や働き方に興味を持ってくださる社外の方たちです。ブログの会社として始まったシックス・アパートは、常にオープンに発信しようというマインドが深く浸透しています。

SAWSという新しい働き方についても、この週刊シックス・アパートでたくさん発信してきたことによって、多くのメディアからの取材をいただき、青森県や秋田県大館市などの自治体との取り組みにつながり、この本にもつながりました。

毎週金曜、オンラインでランチ会

緊急事態宣言後、オフィスに集まり顔を合わせる機会がなくなったので、社員のアイデアで自発的に始まった企画が毎週金曜のランチ会です。オンライン会議にログインして雑談しながらランチを食べる、というよくあるオンライン飲み会のランチ版です。

金曜のお昼前に、Zoomの接続URLがビジネスチャットに投稿されるので、参加したい人は自由に参加できる仕組みです。顔出ししてみんなと雑談してもいいし、顔出しなしでラジオのように聞いているだけでもいい。参加するかどうかも、どう参加するかも個人の自由です。

Chapter 7

家族・子ども・ご近所付き合い

10

086 / 105

同居する家族と共有すべきポイント

一日在宅で働く日のおおまかなタイムスケジュール

平日の日中、ご家族も在宅の場合は、家で働く日のタイムスケジュールについて共有しましょう。以下に一例を紹介します。

▶朝、仕事を開始する時間

「毎日8時30分には仕事開始します」

▶午前の働き方

「一番集中できる時間だからヘッドホンをつけて仕事します」

▶ランチタイムの休憩時間

「時間は決まってないので12～14時のどこか、1時間ほどお昼休みにしようと思っています。昼ご飯は何か用意してもらえるならありがたいけれど、なければ自分で用意するから大丈夫」

▶午後

「午後はオンライン会議がたまにあるので、そのときはなるべく静かにしててくれると助かります」

▶**休憩時間**

「15時頃は、いったん休憩タイムにしたい。リビングのソファでだらだらします」

▶**仕事終わりの時間**

「普段は、だいたい18時前には仕事を終わらせるつもりです」

家の中のどこで働くか

家で働くといってもずっとデスクにいるわけではありません。ソファに座って膝にパソコンを置いてオンライン会議に参加したり、子どもとダイニングテーブルに並んで座り宿題を見ながら仕事をしたり、良い風が通る日はベランダのテーブルで仕事をしたりすることもあるでしょう。

とはいえ、家族からしたらあちこち移動されることが迷惑だったり邪魔だったりするかもしれません。仕事中、家のどこを使いたいかについても話をしておきましょう。

また、家以外の場所で働くこともあるのだとしたら、家族にも家以外の働き場所についても伝えておくとよいでしょう。

会議の頻度や協力してほしいことを伝える

家でオンライン会議に参加する可能性があるのであれば、おおまかな頻度や時間帯、オンライン会議中に使う場所、オンライン会議中に協力してほしいことについても家族と共有してお

きましょう。たとえばこんな内容です

「毎週火曜の14時と金曜の9時は社内の定例会議。デスクから、音声のみの参加なので、大きな音や話しかけるのだけ控えてもらえるとうれしい」

「週に数回は社外の方とのビデオONのオンライン会議があるから、そのときは寝室に折りたたみデスクを持っていってやります。その間だけは子どもが寝室に入ってこないよう見ていてもらえる？　会議始まる前には、声かけます」

「リビングのソファで会議に参加するので、掃除機は控えてほしいのと、テレビは消すかイヤホンにしてもらってもいい？」

「月1〜2回、19時からオンライン飲み会入りそう。そのときはダイニングテーブルを使ってもいい？　飲み物とつまみは自分で用意します。必ず22時までにはログオフします」

「毎週水曜の午前中はオンライン会議が続くので、自室にこもるね。扉を閉めてるから、電話が鳴っても、荷物が届いても対応できないのでそのときはよろしく頼みます」

「家電いっぱい使うとブレーカー落ちやすいよね。だから、申し訳ないけれどオンライン会議のときは特に家電の利用は控えてもらえる？　わかりやすいように、レンジとポットには“オンライン会議中は利用注意”の付箋貼っておくね」

ランチをどうするかを共有する

家族も日中家にいるならば、ランチの準備や休憩の時間をどう過ごしたいかの話もしておくとよいと思います。せっかく家にいるのだから一緒にランチを食べたい。それならば、ランチの支度と片付けを誰がやるのかも決めておくと良いと思います。

こういう家族のタスクがいつの間にか誰かの仕事に決まってしまい、それが当たり前になってお礼もないというのは、よくあるすれ違いです。

家族にお願いするなら、「言わなくてもわかってるよね」ではなくきちんとお願いする。頼まれるなら、ちゃんと依頼を受けて頼まれる。自分で用意するならちゃんと伝えておくことが必要だと思います。

家族といる時間が長くなるからこそ、良い関係を維持する努力は必須です。会議がいつまでも終わらず、家族がランチの用意をしてくれたのに待たせてしまうこともあるかもしれません。そういうときはLINEや付箋で連絡する、12:15までにダイニングに来なければ先に食べていていいなど、決めておくとよいでしょう。

逆に、ランチタイムはゆっくり一人の時間を過ごしたい人もいるはず。ならば「昼ご飯は自分で用意して好きな時間に食べるから、気にしないで」と共有しておくとよいと思います。

オンライン飲み会

参加している本人は家で気楽に楽しくお酒が飲めますが、家族からするとそれなりにうざったいものです。

なぜならば、飲み会なのでたいてい時間は夜遅く。

家族からするとリラックスしたい時間帯に家の中で酔っ払いが大声で知らない話をしてゲラゲラ笑ってる。

そろそろ寝たいもしくは子どもを寝かせたい時間に、騒がしいのは遠慮してもらいたい、と思っているかもしれません。オンライン飲み会をするなら、どの部屋で、何時までならOKか、お酒やおつまみの準備はどうするかなどを話しておきましょう。

家事・育児の分担について

家事や育児の分担と、業務時間中でも対応可能なこと

毎日出社しないのであれば、家事を担当できる時間も増えます。シックス・アパート社員もほぼ全員がリモートに切り替わって家のことを担当する割合が増えたと言います。働き方が大きく変わるのであれば家事分担についても話し合いましょう。

業務時間中にも対応可能なこと、そうでないことがあると思います。対応可能なことでいえば、たとえば、宅配荷物の受け取り、必要に応じて届いたものを冷蔵庫・冷凍庫にしまっておく、品揃えが良いお昼前にスーパーで買い出しをしておく、日が高いうちに植物を外に出して水をあげ日に当てておく、ロボット掃除機や洗濯乾燥機といった家電類をONにするところまでやっておく、といった数分でできることです。

一方、ご家族の通院の付き添いなど時間がかかることは、突然お願いされても対応できないことも多いでしょう。ですが、事前に予定が決まっていれば、仕事の予定調整が可能な場合もあります。

家にいる人に家事分担が偏らないように気をつけよう

一般的に家事は気づいた人や、対応しやすい人に負担が偏りがちになります。ましてや、リモートワーカーはいつも家にいるため、手が足りていない部分に気がつくことも多く、家事の負担が増えてしまうもの。通勤しているわけではないから多少の余裕があったとしても、それでもフルタイムで仕事をした上で、家事の負担が偏るのはしんどいものです。

在宅での業務中の家事分担については、いったん決めたらそれをずっと維持するのではなく、定期的にアップデートしていくとよいと思います。実際にやってみてどうだったかを互いに共有し、必要に応じてタスクの実行頻度や役割分担を再検討するのです。

話し合いに対応してくれるパートナーでない、またはうまく話し合いができる自信がない場合は、夫婦関係コーチングなどのプロに間に入ってもらうのがよいと思います。

小学生の子どもがいる家庭の事例

ここでは私の事例をご紹介します。家で働くことについて、家族とこんなことを共有しています。

〈タイムスケジュール〉

- ☑ 7時台は、自分と子どもの身支度、朝食作り、学校へ送り出すなどの家事タイム
- ☑ 8時から15時、子どもが学校に行っている時間は集中仕事

タイム

- ☑ 15時半から16時半は、学校から帰ってきた子どもの話を聞く時間なので仕事は中断
- ☑ 16時半から18時半は、子どもを習い事や塾に送り出し、その間は自宅やカフェで集中仕事タイムその2
- ☑ 仕事が終わったら、子どもをお迎えに行って夕飯、家事、お風呂タイム
- ☑ お風呂後は家族それぞれ自由時間

家事の負担や集中仕事タイムについても、こんなことを共有しています。

- ☑ 家族も家にいる時間にオンライン会議があるときは、始めと終わりの時間を共有します
- ☑ 集中仕事タイムは仕事優先。家事は気分転換にやりたいときはやるけれど、気分が乗らなければ仕事中は手をつけません。仕事後に対応します
- ☑ 家に一人のときは宅配荷物の受け取りや来訪者対応は行いますが、もし家に家族の誰かがいるなら頼みます

088／105

年配のご家族に説明するとき

年配の方は家にいると仕事をしていないと勘違いしがち

今でこそ働き方改革やテレワーク・リモートワークがテレビでも日常的に取り上げられる話題になり、出社しない働き方について家族からの誤解も減ってきています。

ですが、特に年配のご家族は、いまだに背広を着て会社に行くものだという考えが強い方もいます。私服で家にいることを、仕事をしていないと勘違いされることもあるでしょう。

また、家にいるのだからと、日中に遠慮なく声をかけられたり、電話が来るのもよくあることです。

「今、テレビでやってたレシピ、美味しそうよ」と言われても仕事中だから見てないし、「来月の○○ちゃんの結婚式の話だけどね」ってそれ今じゃなくていいよね？　と、ついイラッとして集中力が途切れます。

そういうご家族には**「家にいるけど、休んでるわけじゃなくて仕事してるので、急ぎじゃない用事は後で」**と、はっきりと何度も伝える必要があります。言葉で説明するだけでは信じてもらいにくい場合は、証拠を見せるのが早いでしょう。

たとえば、こんな方法はどうでしょうか。

- ☑ リモートワークの話題について取り上げているテレビ番組やニュースを一緒に見る
- ☑ 自分の会社の事例がメディアに取り上げられる、または会社のオウンドメディアの記事になっていたら、それを見せて上司や同僚も家から働いていることを紹介する
- ☑ 実際にオンライン会議をしている後ろ姿を家族に撮影してもらって見せる

わかってくれないときは、諦めよう

手を替え品を替え説明してもあまり理解してもらえず、ご家族からしょっちゅう用事を頼まれたり、話しかけられたりして、仕事に支障が出るようであれば、家以外で働くことを検討するのがよいかもしれません。

赤ちゃんや未就学児と一緒に仕事はできない

「家で働けるなら、仕事と育児を両立できていいわね」と言われることがあります。

これについては、はっきり言います。**家で一人、小さな子どもを見ながら、フルタイムの仕事をするのは無理です。**子どもを見てくれる大人が一緒にいるならば別ですが、一人で仕事も育児も同時には無理です。

赤ちゃんは授乳やおむつ替えや離乳食など身の回りのお世話が常に必要で、目も手も離せません。日中、赤ちゃんと二人で家にいるならば、自分が仕事に集中できる時間を２時間も取れたら良い方でしょう。１～３歳の子どもであれば、動き回ることでさらに目が離せないのでもっと大変です。

親が近くにいるなら、いつでも自分にかまってくれるものと子どもは思うもの。その子に背を向けて仕事をするのは心苦しいものです。

もう少し大きい４～６歳くらいの子どもであっても、しばらくの時間ならばテレビやタブレットでアニメに集中してくれる時間があるかもしれませんが、すぐに飽きてしまうでしょう。

子どもが２人以上いるとさらに大変です。子ども同士でけんかが始まることもあるし、身の回りのお世話や食事の用意も２倍３倍です。在宅勤務で働く大人が二人いたとしても、二人が少しずつ仕事をセーブしないと回りません。

在宅であってもフルタイムの仕事をするならば、ご家族や保育園やベビーシッターなど、安心できる場所で子どもを預かってもらいましょう。

ですが、感染症対策や保育園の休園など、どうしても小さな子どもが家にいる状態で仕事をしなければならない状況もあるかもしれません。親族やパパママ友、ベビーシッターなど信頼できる大人に預けることができればよいですが、それが難しい場合には、以下のような手段で乗り切りましょう。

- ☑ 子どもが寝ている早朝や深夜に仕事をする
- ☑ 日中は子どもが興味を持ってくれそうなアイテムをたくさん用意して小出しに提供する（おもちゃ、アニメ、お友達とのオンライン通話、室内での運動遊び、おやつなど）
- ☑ しばらく仕事を半休にして半日分の仕事をこなす

090 / 105

小学生以上の子どもと一緒に働くには

まず子どもと話をしてみましょう

身の回りのことは自分でできる。話せばわかってくれる。

そんな小学生の子どもとなら、家で二人きりでも仕事ができる可能性が高いでしょう。もちろん子どもの個性にもよるので、まずは数日、子どもと二人で家にいる状態で働いてみて、子ども本人と話し合ってみるのがよいと思います。

子どもが学校から帰ってきたら、「おかえり。手を洗って、うがいしてね」「今日の漢字テストはどうだった？」「おやつ食べて休憩したら、宿題やってねー」「15時45分に家を出て習い事に行くんだから、それまでに終わらせるんだよ」といった声かけをしておけば大丈夫そうなら、子どもの様子を見ながら働くことも十分可能でしょう。

ただし、ずっとほったらかして仕事に集中していると、子どもはゲームばかりして、宿題などやるべきことをやっておらず、叱ることになるパターンもよくあることです。**親が家で仕事をしている間、やるべきことを決めてタスクリストにして書き出しておくのも一つの方法だと思います。**

数日、子どもと二人の状態で仕事をしてみて、思うように進まない、または子どもが退屈そうならば、学童や習い事に通ってもらうのもよいと思います。

我が家は、低学年のうちは自分の集中できる時間を確保したい意味でも学童に通ってもらいました。4年生に上がる際に学童を退所し、まっすぐ家に帰ってくるようになりました。親としては小学校が終わり帰宅したときの子どもの顔や様子が見られるのは、リモートワークで良かったことの一つです。

タイマーをかけて一緒に勉強&仕事

子どもにもやるべき宿題やお手伝いなどがあるはず。仕事の片手間に、それを監督するのは楽ではありません。

たまに様子を見に行ったらずっとゲームばかりしていて「宿題全く手を付けてないじゃない!!」とムカッとすることもあれば、「15時までは集中して仕事したいからしばらく話しかけないで」と言っておいたのに、「ねえねえ、アイス食べていい？」「宿題のプリント、見つからないよー」などと話しかけられてイラッとすることもあるはず。

そういうときには、タイマーが役に立ちます。

小学校の黒板には大きなタイマーが設置されています。家でも、これを真似してタイマーを設置し「30分集中してこのドリルをできるだけ終わらせよう！　ママも30分は集中して仕事する。終わったら一緒に休憩でアイス食べようね」と声をかけています。30分の間は互いにそれぞれの作業に集中＆話しかけないのがルールです。

取り組む時間を決めるよりも、何ページまで終わらせるといった取り組む量を決めた方が集中できる子もいるでしょう。子どものやりやすい方に合わせて決めましょう。

中学生以上の子どもの場合

子どもが中学生以上であれば、親にかまってもらいたい年頃でもないし、そもそも日中は学校や部活や遊びやその他で家にいる時間も少ない、または自分の部屋で好きに過ごせる子が多いのではないでしょうか。

要所要所で話を聞いたり、様子を見たり、「出したものは片付けて」とか「明日の準備は？」とか促したりということはあるでしょうけれど、四六時中、目が離せないし手がかかるわけではありません。仕事時間は十分確保できると思います。

子どもがいる家でのオンライン会議はどうする

小さな子どもと二人きりのとき

家で赤ちゃんや未就学児の子どもと二人きりのときに、どうしてもオンライン会議に参加しないといけないこともあるかもしれません。抱っこしたり、様子を見ながらできる範囲で会議に参加することになる大変な状況になることが予想されるため、以下のような準備をしておくとよいでしょう。

☑ いつものメンバーとの会議の場合には「すみません、今日は息子も家にいるので、もしかしたら邪魔するかもしれません」と一言断っておく
☑ 自分がホスト役の会議の場合には、いざというときはバトンタッチできるよう社内の誰かにヘルプを頼んでおく
☑ オンラインセミナーでの登壇など、絶対に途中で邪魔を入れたくない場合には、事前にセッション内容を録画しておいて当日はそれを再生する

小学生以上の子どもには、会議中のサインを決める

オンライン会議中であることに気づかない子どもから、大声で話しかけられ、その音声が会議相手に丸聞こえなのはよくあることです。自分が画面に向かって何かしゃべっているなど、会議中とわかりやすければ気づいてくれるだろうけれど、ミュートで誰かの話を聞いている最中ならば、外から見て会議中かどうかなんて、子どもにはわかりません。

会議前に「今から会議だから、静かにしててねー」と声をかけておくのを忘れないようにしましょう。

とはいえ子どもは声をかけたくらいではすぐにさっぱり忘れてしまうもの。**オンライン会議中であることがわかるサインを作っておくのもよいでしょう。**

たとえば、会議中はデスクの端に「今、会議中です」と書いた付箋をカード立てに刺して置いておくとか、ぬいぐるみの口にマスキングテープでバッテンを貼ったり、ヒーロー人形に「待て」のポーズをさせたりして、デスクの子どもから見えやすい位置に置くのはどうでしょう。

「ごめんね、今会議中でちょっと待ってね」と口で言って伝わる年齢の子どもならば、会議中に声を出せない代わりに、こういった別の手段で伝えても伝わるはずです。

さらに私は「会議中サイン」にも気づかず、オンライン会議中に子どもに話しかけられたときのためのハンドサインを作りました。

ハンドサインと言ってもシンプルです。カメラに写らないところで、指でバツを作る。これは「今オンライン会議中だからお返事できない、ちょっと待って」の意味だと伝えています。一度覚えてくれたら、次以降はハンドサインを見たら、緊急でなければ引き下がってくれるようになりました。

092／105

子どもが習い事や塾の間が一番はかどる時間

子どもが習い事や塾に行っている間の待ち時間は、一番仕事が進みます。

6年前、娘がまだ園児だった頃の話です。ある土曜日、子どものプール教室に送った後、親専用の見学室に向かわずにプール教室のすぐ近くのカフェに行ってみました。

ドリンクを買って席について、お迎えに行く時間までここにいられる時間はたった50分。ノートパソコンも持ってきた。この時間があれば、何ができる？　当時の私は、その50分を仕事ではなく（土曜日でしたし）、ブログを書いたり、ネットショッピングをしたり、個人の用事をこなす時間と決めました。

50分後にパソコンを閉じて、荷物をまとめて、席を立って、ドリンクを片付けて、カフェを出る。そうすれば時間きっかりに、プールから上がってきた子どもをお迎えに行けます。

それ以来、子どもの習い事や塾のお迎えを待っている間のカフェ時間は、集中作業時間と決めました。

私の働き方がリモートワーク中心になった今は、平日16時からの習い事の送り迎えもできるようになりました。子どもも大きくなり、習い事や塾の教室で過ごす時間も２時間と倍増。おかげで、子どもを教室に送った後、お迎えまで１時間50分ほどのまとまったカフェワーク時間が取れるようになりました。

今、子どもは先生について他のお友達と切磋琢磨しながら何かを学んでいる時間。そう思うと、親の私もだらだらしていられません。

貴重な時間を無駄にしないように、集中して作業を進められるようになりました。実際、この本の原稿も大半を子どもを待っている間のカフェで書きました。

習い事や塾が終わって、二人並んで家まで歩いて帰るたった数分も、とても大事な時間です。先生に作品を褒められた話、友達と冗談を言い合って爆笑して怒られた話、そして帰り道のコンビニで毎回おやつを買わされることも含めて、とても貴重な子どもとのコミュニケーションの時間です。

093 / 105

仕事をする親の姿を見せるのも勉強

子どもがいるリモートワーカーなら誰しも、自宅にいるのに子どもに背を向けずっと画面に向かっている時間もあると思います。**話してわかる年齢の子どもならば、画面に向かって何をしているのかについて、「仕事」の一言でごまかさず、その内容や意味を伝えてみてはどうでしょうか。**

私は、ここ数年毎日家で仕事をしているので、子どもにも自分の仕事について話しています。自分がどんな仕事をしているのか、誰のためなのか、この仕事で社会にどんな影響があるのか。その時々の子どもの年齢に合わせた伝え方をしてきました。

娘が保育園にいた頃は、会社の公式キャラクターであるトフのぬいぐるみを見せながら、「ママは、このトフと一緒に会社のことをたくさんの人に知ってもらうための仕事をしているんだよ」と伝えていました。

当時は年に一度、社員の家族がオフィスに集まって交流するファミリーデーを開催していたので、実際に会社や一緒に働く仲間を見る機会もあったので、なんとなく家とは別の会社での役割があることは認識できていたようです。幼かったこともあって、仕事については「ママはトフちゃんの会社で働いてる！」くらいの認識だったと思います。

小学校低学年の頃はもう少し具体的に仕事の話をするようになりました。

「ママはインターネット大好きだから、ウェブサイトを作るシステムの会社の広報の仕事をしています。あの人気キャラクターや、あのコンビニや、あのゲーム会社のウェブサイトやブログの更新に使われているシステムです。会社のみんなで便利なシステムを作る。ママは、それを多くの人に使ってもらうために、言葉や文章や写真で伝える仕事をしています。トフも、トフのキャラクターを活かして伝える仕事をしているので、トフはいわばママの同僚なのよ」

小６の今は、一緒にカフェワークをする機会が増えたこともあって、機密事項に当たらない範囲で仕事の内容まで話しています。

「今、新機能を紹介するニュース記事を書いてるんだけど、説明難しいんだよねー」

「このあと1時間くらい、新聞記者さんからオンライン取材なので、静かにしていてね。家での働き方の話をするの。娘とデスクを並べて、一緒に仕事&勉強していますって言うね」

「これすごくない？　ママが書いた下手くそならくがきを、

デザイナーさんがこんなにわかりやすくて素敵なイラストにしてくれたの。すごいよね」

「書かなきゃいけないブログ記事と、ニュース原稿と、寄稿記事がどっさりあってマジでやばい。今週あと1万文字書かないといけない。これは400字詰め原稿用紙で何枚でしょうか？そう25枚!!　半端ないよね、がんばるね」

「これはね、会社のパンフレットの原稿。今最終チェック中。文字の間違いがあったら困るからじっくり見てるところ」

「『ちょっと使いにくい機能があるんだけど』って相談したら、エンジニアさんがすぐ対応してくれたの。さすがだよねー」

「シックス・アパートがこの後、テレビに出るの。先週頭に取材依頼が来て何度もメールのやりとりをして、こないだ撮影してもらった内容がついに放映だよ。緊張するから、一緒に見よう！」

と、日常の仕事について話しています。まるで同僚と雑談しているみたいです。チームで協力し合って働いていること、チームの中での私の役割についても伝わっていると思います。

最近は後ろから画面を覗かれて「ママ、仕事って言うけど、Twitterしてるだけじゃん」と言われることも増えましたが「Twitterを見て、話題になってる内容を参考にしつつシックス・アパートのことを伝えるのも、ママの仕事の一つなの！」と説明しています。

私が自分の仕事について常に話をしているからか、おしゃべりな娘からは私が話す倍以上、学校や習い事や塾でのことについて話してくれるのもよいところです。子どもにスルーされるまでは、仕事についても共有していこうと思っています。

ここまで良いことばかりのように書きましたが、一つ難点があります。それは、子どもが、私の仕事について学校で友達などにしゃべってしまっているらしいこと。隠したいわけではないのですが、子どもを通してつながっている方たちとは、仕事とは切り離して付き合っていきたいなと思っているからです。

家族に見せられない仕事があるならば、外に出よう

このように子どもに話せる仕事もある一方で、仕事である以上、家族にはあまり見せたくない部分もあるでしょう。たとえば、部下のミスを指摘しないといけない場面もあるでしょうし、逆に上司から厳しいフィードバックをもらって小さくなっていることもあるかもしれません。

あまり家族に聞かれたくない、見せたくない姿だとしたら、家以外で行うようにしましょう。見ている方の家族もいたたまれません。もちろん、パワハラがNGなのは言うまでもないことです。

094 / 105

リモートワーカーのご家族に伝えたいこと

家で一人でゆったり過ごす時間が減ったかもしれません

普段家にいるならば、家族がみんな仕事や学校で出払っている間こそ、家事も進むし、貴重な自分の時間を過ごせていたのではないでしょうか。しかし家族もリモートワークでずっと家にいるとなると、息が詰まると思われることもあるでしょう。

たまには、リモートワーカーの家族にオフィスや外で仕事をしてもらうなり、自分が居心地の良いカフェで過ごすなりできるとよいと思います。

小さな子どもが家にいる場合

小さな子どもと一緒に自宅にいる家に、リモートワーカーが増えた場合のことを考えてみましょう。自分一人で子どもと向き合うのではなく、仕事中で手が空いていないとはいえもう一人大人が近くにいる状況は、特に緊急時のことを考えると安心感が高いのではないでしょうか。

一方でオンライン会議中などに、子どもが邪魔をしないよう気を使う負担も増えているはずです。家での過ごし方や家事・育児の分担など、ぜひ話し合ってみてください。

暮らすエリアの自由度は上がります

夫婦二人の職場が離れている場合、住む場所はその両方に通いやすいエリアに限定されていたと思います。ですが、どちらかがリモートワーカーになって、出社の頻度が減ったらそのオフィスに通いやすい場所を考える必要がなくなる、つまり住む場所を選ぶ際の条件が一つ減ります。出社頻度が高い方のオフィスに近い場所を選んでもよいし、実家に近いところ、子どもの教育に向いている場所を選ぶこともできるかもしれません。

エリア面での条件は減るけれども、住む家を選ぶ際にはワークスペースを確保できるかも重視するポイントになるでしょう。たとえば、以前は夫の職場が横浜、妻の職場が千葉だったため、間を取って蒲田に住んでいたけれど、夫がリモートワーカーになったので妻の職場に近い千葉方面で広めの家に引っ越す、といったことも可能です。

ご自身のキャリアを考える機会にも

リモートワークの家族がいるならば、保育園の送り迎え担当、介護や病院の送迎など家族サポートといった家庭のことを分担しやすくなったのではないでしょうか。その分、他の家族のキャリアの選択肢も広がるでしょう。

もちろん、それでリモートワーカーに家事の負担が集中するのも問題なので、ご家族で話し合っていただければと思います。

住んでいる場所との縁が深まる

近所との縁を大事にする

リモートワークになると、平日の日中に家やその近くにいる時間が長くなります。そうすると、以前よりもスーパーやドラッグストア、美容室、レストラン、居酒屋といった近所のお店にお世話になる機会が増えます。

リモートワークで同僚と直接会う機会は減るけれど、リモートワークで生み出される新しい出会いもあるのです。

たとえば、パパ友つながりで地元飲みを企画している社員がいます。場所は自宅から歩いて３分の居酒屋。メンバーは自分の娘と同じスイミングスクールに子どもを通わせるパパ友３人。業界は違うけれど、年齢は近く、何より同い年の子どもを持つ親として何かと話が合い楽しい時間を過ごしているようです。

地域の小学生バレーボールチームを運営

地域の小学生を集めたバレーボールチームを運営している社員もいます。練習時間は、毎週水曜の17時から19時。一般的に、こういった地域の小学生向けスポーツチームでは、指導者の都合で平日19時開始になることが多い中、小学生の負担にならない17時に開始できるのは、業務時間の使い方がフレキシブルな裁量労働制のおかげです。

自宅で働いているため、練習前ギリギリまで仕事、練習後に帰宅してすぐに仕事を再開でき、業務時間も確保できています。

他にもチームを運営するにあたって、施設利用調整会議（小学校の体育館の割り振りを調整するためのもの）が毎月、所属する連盟の代表者会議などが年に数回あります。

他チームでは保護者が持ち回りで出席しているのですが、この社員が運営するチームでは保護者に負担をかけないように、全部本人が出席しています。

「これらが実現できているのも、フレキシブルな働き方ができる会社にいるからだと思っています」と、本人は語ります。

地元の仲間とつながる

ずっと同じ地域に住んでいるのだとしたら、昔の仲間ともう一度つながることもあります。

昔から浦和に住んでいるある社員も、学生時代の仲間と飲む機会が増えたと言います。理由は、コロナ禍で学生時代の仲間の多くが在宅勤務になったから。

同じ土地に住んでいても、毎日東京のオフィスに出社していた頃は会うチャンスはなかったそう。近所で会えるというハードルの低さゆえ、また会うきっかけになったそうです。今はおじさん同士LINEで盛り上がっているとか。

COLUMN

#7

リモートだからこそ顔を合わせる機会を大切にする

シックス・アパートでは、普段会わないからこそ直接会う機会をとても大事にしています。

定例会議のうち、月1回は集まって実施

チームごとの毎週の定例会議は、普段はオンラインで行っています。その定例会議のうち、毎月1回はオフィスや社外のレンタル会議室に集まって行っているチームもあります。

集まるかどうかの判断は、各チームに委ねられています。プロジェクト立ち上げ時期のチームは頻繁に集まって会議を開催、プロジェクトの骨格が定まり、軌道に乗ってきたら集まる頻度を減らしオンライン会議中心にするなど柔軟に切り替えています。

月1回、社員総会&懇親会を設ける

毎月1回、全従業員が集まる社員総会を開催しています。シックス・アパートの小さなオフィスには全員入れないので、オフィス近所のレンタルスペースを借りています。

多くの社員が自社株を持っているため、シックス・アパートにとって社員総会はほぼ株主総会と同義です。そのため、経営陣に

よる会社のBS（貸借対照表）やPL（損益計算書）などの経営状況のアップデート、製品ごとの売れ行きなども全社員につまびらかに公開されます。次に、製品チーム、ITチーム、総務からの連絡事項の共有が続きます。

皆が座って報告を聞き、質疑応答を行う総会の時間はとても重要なのですが、それと同じくらい価値があるのは社員総会前後の交流の時間です。

たいてい15時に総会がスタートして、終わったら17時の乾杯までは仕事タイム。直接会えたときに聞いておきたかったことを聞いたり、他チームの会話を小耳に挟んで質問してみたり、ノートパソコンを開いて作業したり、懇親会準備チームは届いたフードやドリンクを並べたり、おのおのやるべきことを進めます。

そして、17時きっかりに乾杯して、懇親会が始まります。雑談の合間に仕事の細かい話も確認したら、「また、来月会いましょう〜」と帰ってゆくのです。

いろいろなコワーキングスペースに集まって仕事をする

いろんなエリアのレンタルスペースに集まって仕事をすることもあります。

あえてオフィス近くの都心部ではなく、横浜、吉祥寺、幡ヶ谷など実際に社員が住んでいるエリアを選ぶことで、その近所に住む社員を誘いやすくなります。チームが違うと、社員総会くらいしか会う機会がない人もいます。でも、近くで集まって仕事しようよと誘うと、意外と気軽に参加してくれるものです。

また、あえて単なるレンタル会議室ではなく、ユニークな場所を選ぶことで、イベント感も高まります。

横浜では横浜DeNAベイスターズが運営する、野球場をテーマにした芝生のあるコワーキングスペースを利用、吉祥寺では注文デザイナーズ住宅のショールームの日中の時間を貸し切り、幡ヶ谷では社員の知り合いの居酒屋さんの営業時間外のスペースをお借りするなど。「その場所に行ってみたい！」という気持ちも、集まるモチベーションの一つです。

こんな風に集まってわいわいしながら作業するのは、その日の仕事の能率が上がるわけではないのですが、会って話してすっきりしてまた明日からの活力になります。シックス・アパートのビジネスチャットでも、面白そうなレンタルスペースがあれば、今度はここに集まりたいねとよく話しています。

Chapter 8

気分転換&健康管理法

10

096 ／105

長く働き続けるために体調不良のときは休もう

自分や周りの環境の変化に合わせながら、快適に長く働き続けるための要は「健康」です。心身ともに健康でなければ、がんばれません。自分の体と心の変化に気を配りましょう。

ちょっと心身の調子が悪いときこそ、出社して消耗するのではなく、家で休み休み仕事ができるリモートワークのワークスタイルを活かすべきときです。

朝から気分が悪い日は、遅めスタートで

朝から頭も体もだる重い。もう少し寝ていられたら少し復活できるかも。そういうときは1時間だけ長く寝ましょう。仕事開始時間が決まっているのであれば、会社に「体調不良のため1時間休んでから仕事開始します」と連絡すればよいでしょう。

遅めのスタートにしたら、少し復活できて、なんとか今日やるべきことは進められそう。ならば、昼休みも長めに取ってしばらく横になったり、午後の休憩タイムに少し目をつぶってみたりなど、できる範囲で自分をいたわりつつ働くのがよいと思います。

もしも、1時間長く寝たくらいでは復帰できなそうであれば、

迷わずその日はお休みにしてしまいましょう。

休み休み働けそうな日は、半休を取ってゆったりめで

出社しなくていいなら働けそう、でも本調子でないからトップスピードは出ない。そういう日はできる範囲のことを進めてやりすごしましょう。とっちらかったファイルやフォルダの整理、タスク管理ツールにある長らく後回しにしている作業に手を付ける、ブラウザのブックマークの名前を付け直すなど、普段できないことをする日にしてしまうのもよいと思います。

「そんないつでもできることは後回しで、今日中に必ずやらなきゃいけないことがあるんだ！」というときもあるでしょう。

ならば、その日に必ずやるべきことを決めて実行します。そしてそれ以外はやらない。いっそ半休にして、その仕事だけを集中して終わらせて、残りの時間はゆっくり休みましょう。

トイレに行き放題の安心感

しょうもない話と思われるかもしれませんが、大事な話です。お腹が弱めの人も、生理中の人も、行きたいタイミングで即座にトイレに行けるのはとても安心感があります。

オフィスにいるのと違って、トイレに行くだけでカードキーを持ち歩く必要もないし、トイレの混雑待ちをする必要もない。いつでもさっとトイレに行けることも、家で働く良さの一つです。

家で働くことは、感染拡大防止のためにも有効

風邪を引いたけど、病院で薬をもらって一晩寝たら効果てきめん。熱も下がってほぼ回復しました。感染拡大防止のために、もうしばらく家にいたいけれども、体調的にはおおむね元気。

こういうときにも家でも働ける良さを実感できるでしょう。無駄な有給休暇を消費せず、溜まった仕事を進められます。自分は元気でも、同居のご家族がインフルエンザなどにかかっているときも同じです。自分に症状が出ていなくても、感染している可能性を考えてなるべく家で過ごすことは公衆衛生の観点でも大事です。会社内パンデミックを起こさずにすみます。

本当に体調が悪いときは、ちゃんと休もう

「出社するわけじゃないし、体調悪くてもちょっと無理すれば仕事できそう」

そう思ってしまうこともあるでしょう。**でも、本当に体や心がしんどいときはちゃんと休みましょう。人は休まないと復活しません。**

097 / 105

女性特有の体調の波にも合わせやすい

女性は毎月体調の波があるもの。生理前には気持ちのコントロールがうまくいかずイライラするし、生理中は下腹部に鉛が入っているかのように重く、あらがえないほどの眠気、衣服を汚さないかも心配。

このように、月の半分は本調子が出ない、という人も多いでしょう。このしんどい時期こそ、リモートの良さを活かした自分の体調に合わせた無理しない働き方で少し楽になることもあります。

たとえば、生理前のPMSの時期、イライラさせられる対象が目の前にいないだけで、必要以上に感情を振り回されず落ち着いて仕事ができるのではないでしょうか。

逆に、そのイライラ対象が家にいる場合は、家族のためにも寝室にこもって仕事する、またはオフィスやカフェに避難して働くのもよいと思います。

生理中は、家でなら誰にも遠慮せずしょっちゅうトイレに立ち、腰には毛布を巻いて、温かいお茶を飲んで、湯たんぽを抱いて働くなど、存分に自分の体をいたわる格好でいられます。

長時間の会議であっても、オンラインであれば目立たずに中座してトイレに立つこともできます。お腹の痛みで頭も動かないようであれば、鎮痛剤を飲んでしばらく寝てしまうのもよいと思います。

必要に応じて、薬や漢方などでコントロールしつつ、体調の波があること自体は受け入れて、月の残り半分の元気な時期にがんばればよいと思います。急激に女性ホルモンが減少する更年期のしんどさについても同じです。

このように女性は生理周期や年齢を重ねることでも体調が大きく変わっていきます。女性が活躍しやすい社会のためにも、リモートワークという新しい働き方は有効です。

オススメおやつとおやつタイム

オススメおやつはガム

シックス・アパートのメディカルカウンセラーによると、**仕事中のオススメおやつはガムだそうです。**

プロスポーツの試合中、ガムを噛んで集中力を高めているアスリートの姿を見たことがありませんか。一定のリズムでガムを噛んで顎を動かすことで、脳に刺激を与え、血液循環が良くなり、集中力が高まるそうです。

午前・午後におやつタイムを設けよう

朝の仕事開始からランチタイムまで、午後もランチが終わってから就業時間まで、ノンストップで仕事をしていませんか。誰にも邪魔されず仕事ができるからこそ、仕事が乗ってきたら止めたくない。その気持ちもわかりますが、その集中力がひとたび切れるとドッと疲れが襲ってくることがあります。

またずっと同じ姿勢で座っていることで、血流も悪くなります。このような過集中を避けるためにも、午前も午後も途中で15〜30分程度のおやつ休憩タイムを設けるとよいと思います。

099／105

好きな飲み物を飲もう

アルコール以外なら何でもOK

会社によっては、オフィスでコーヒー・お茶などを無料で自由に飲めたかもしれません。ですが、リモートワークになると家でもカフェでも、仕事中のドリンクは自分で調達する必要があります。逆に言えば、好きな飲み物（アルコール除く）を自由に飲めるのだと考えて楽しみましょう。

コスパ重視ならば、麦茶でも、通販で買いだめしたペットボトルのミネラルウォーターでも炭酸水でもなんでもOKです。

戸棚の奥に眠っている、頂き物のよいお茶があればこの機会に飲みましょう。コーヒーや紅茶にこだわりがあるならば、好きなコーヒー豆や茶葉、道具を揃えて、丁寧に淹れる時間も良い気分転換になるでしょう。

他にも、朝は眠気覚ましのコーヒーに、朝食代わりに野菜やフルーツのビタミンをとれるスムージー、日中は渋みのあるお茶で目を覚まして仕事をがんばり、休憩タイムにはハーブティー。散歩がてら近所のコンビニやカフェにコーヒーを買いに行ってもいいし、仕事中にアミノ酸飲料やプロテインを飲んでいてもかまいません。

私は、いつでも最適温度のドリンクを飲みたいので、大きめの保冷・保温タンブラーを一年中愛用しています。冬はお腹を温めるために緑茶や台湾の凍頂烏龍茶をポットのお湯を注ぎ足しながら飲んでいますし、夏は冷蔵庫に作っておいた濃いめの水出しハーブティーを氷たっぷりのタンブラーにそそいで冷え冷えで楽しんでいます。

また、うっかり倒してこぼさないよう、ドリンクを置く定位置を決めました。マウスやキーボード、スマホ操作の邪魔にならない位置にコースターを置いています。

言うまでもないことですが、ワークタイムのアルコールはやめましょう。頭の回転がにぶります。お酒は仕事を終わらせてから。昼からの飲酒は、休日のリラックスタイムにとっておくのがいいと思います。

ランチは自由に好きなものを

「お昼ご飯の自由度の高さ」は、リモートワークの良いところTOP10にランクインする人も多いのではないでしょうか。

家にあるものを使ってちゃちゃっと美味しいごはんを作ってもよいし、ご家族が作ってくれたご飯を一緒にゆっくり食べてもよいし、昨日の夕ご飯の残りで節約してもよいし、ヘルシーな低糖質高タンパクなメニューを食べてもいいし、近所のお店のランチを食べてもテイクアウトを買ってきてもいいし、お気に入りの店からUber Eatsを注文しても良いし、にんにくのきいた餃子を遠慮なく食べてもいい。だって自宅にいるのですから。

たまにはオンラインランチも

たまには誰かを誘って、オンラインで一緒にご飯を食べるのもよいでしょう。ダイニングテーブルにスマホを置いてオンライン会議ツールにログインしたら、それぞれご飯を準備したり、食べたり、後片付けしたりしながら気楽におしゃべりするのも楽しいものです。

お昼休憩は、パソコンから離れてゆっくり取ろう

仕事が忙しいときもあるかもしれませんが、パソコン作業しながらご飯を食べるのは控えた方がいいと思います。

こんな失敗談がありました。

「お昼休憩を曖昧にしてきっちり取らずに、簡単におうどんだけ作って食べながら仕事をしようとしたら、うつわを倒してしまってMacBook Proにおうどんを全部ぶちまけてしまいました。けじめをつけてきちんと休憩した方がよいですね……」

気をつけましょう。

運動の習慣をつけよう

シックス・アパートのメディカルカウンセラーによると、毎日出社しなくなったために、体重が増えたり、血糖値コントロールがうまくいかなかったり、脂肪肝気味だったり、メタボになった社員が増えたそうです。メタボ解消のためには、体内時計（サーカディアンリズム）を安定・維持させることが最重要。

そのためには早寝・早起き、３食の適切な食事に加えて、運動が欠かせません。

たしかに出社しないのですから、歩数も運動量も減って当然。

だからこそ、リモートワーカーは意識して運動習慣を持たねばなりません。健康のためと覚悟を決めてやりましょう。いろいろなリモートワーカーに聞いた運動時間や種類、運動の工夫をご紹介します。

運動する時間帯

▶仕事前の朝　出社代わりに仕事前に散歩する

・少し遠いコンビニにコーヒーを買いに行くのを習慣にする
・朝１時間はカフェで仕事をすると決めて移動する
・コワーキングスペースに通う

▶業務時間中

・1時間に1回は立ち上がって動く

※Apple Watch などのスマートウォッチには、毎正時に時報を鳴らし、立ち上がるのを促す機能が付いています。それを使ってもよいし、家にいるならばキッチンタイマーを使うのもよいと思います。

・トイレに立つついでに、5回だけスクワットする

・1曲分だけダンス

・固まった首肩背中を伸ばすストレッチ

▶ランチタイム　外に出て運動

・買い物がてら散歩

・近所のジムで水泳

▶仕事が終わった後

・社会人サークルでバレーボール、フットサル、バスケ

・ジムに行く

時間別

▶10分以内　すぐできること

・軽い筋トレ

・マッサージ

・ストレッチ

・家事　掃除をする、料理をする、など

・深呼吸

・好きな曲をかけて踊る

▶10〜30分程度、または着替えて行う

・筋トレ

・ヨガ

・トランポリン

・エア縄跳び

・フラフープ

・ブルブル振動マシン

・Nintendo Switch リングフィット アドベンチャーなどのフィットネスゲーム

・オンラインヨガレッスン

▶30分以上、またはどこかに移動して行う

・散歩（大股、早歩き）

・ジョギング

・フィットネスジム

・子どもと一緒に縄跳び、鉄棒、フラフープ

自分に合った運動習慣が見つかるとよいですね。

運動を続けるための工夫

会社で仲間を作る

化粧品・美容健康食品の製造販売を行う株式会社協和は、2011年より、毎朝全従業員でスクワットなどエクササイズを実施。活動量計「Fitbit Inspire HR(TM)」を従業員に貸与するなど、健康経営に取り組んでいる企業です。

在宅勤務に移行した後、社員の平均歩数が大幅に減少したため、1日8000歩以上を目標に歩く「fitbit チャレンジ」を実施。従業員の意識も変わり、緊急事態宣言下である5月の平均歩数は9489歩に達しました。

このように、計測できるツール・目標値・一緒にがんばる仲間がいると、運動がゲームになって楽しんで目標達成できるのではないでしょうか。

社内のビジネスチャットに運動の話をするチャンネルを作って投稿する、SNSに投稿して仲間と励まし合うのも良いかもしれません。一緒にがんばる仲間については、社内外の知り合いに声をかけて集めることやアプリで仲間を募ることもできます。たとえば、同じ目標を持つチームに参加し、チャットでチャレンジについて報告し、励まし合いながら習慣化を目指すアプリ「みんチャレ」を使っている人もいるようです。

他にもいろいろ

▶楽しんで運動できる道具を買う

トランポリンでも、ブルブル振動マシンでも、運動習慣作りに役に立ちそうならば買って試してみるのも良いアイデアだと思います。三日坊主になってしまったなら、オンラインフリマアプリで売る手もあります。

▶位置情報ゲームで楽しく散歩する

Ingress Prime、Pokémon GO といった位置情報ゲームを片手に散歩するのも楽しいでしょう。ゲーム内で、次の目的地へ、次の目的地へと向かっているだけで、思った以上に歩数が稼げます。周囲に気をつけつつ、楽しんでください。

▶道具を出しっぱなしにしておく

ヨガマットは敷きっぱなしにしておけば、動きたくなったらすぐに動けます。ちょっとした空き時間にいつでもストレッチしたり筋トレしたりできます。

▶お手本となるYouTube動画を見つける

YouTubeには、多種多様なエクササイズ動画が公開されています。所要時間も、3分程度の短いものから60分のものまでさまざま。ヨガ・筋トレ・ストレッチ・ダンスなど種類も豊富です。ヨガマットの傍らにスマホを立てかければ、そこが自宅スタジオになります。シックス・アパート社員が見ているエクササイズ系YouTuberを紹介します。彼らの動画を起点に好みの動画を探してみるのも良いと思います。

・竹脇まりな
　マンションでもできる、飛ばないダンス動画が人気です。毎朝できる3分の短いものから、「地獄の100分痩せるダンス」もあります。ハイテンションな音楽と応援でがんばれます。
・迫田和也
　整体院の院長の迫田さんの動画です。肩こり、腰痛、膝の痛み、関節痛に効くストレッチやマッサージ、セルフ整体を紹介しています。フェイスライン引き締めなどの美容系のテクニックも紹介されています。

▶オンラインヨガ・筋トレに参加する

動画を見ながら一人でコツコツよりも、誰かと一緒にトレーニングする方がやる気が出る方もいると思います。エクササイズ系YouTuberのライブ動画や、オンラインヨガ・筋トレのサービスも増えています。指定時間にスタートし、画面の中のコーチに励ましてもらいながら、一緒に運動する仲間とともに汗を流すのもよいでしょう。

▶運動の記録を付ける

ノートやスマホのアプリで、運動した日時、運動内容、歩数、体重など測定データの記録を付けておくと、ほんの少しの変化にも気づきやすく、続けるモチベーションにつながります。

自分に発破をかける

気分を上げて仕事に取り組む方法

休憩後に仕事に戻るとき、重たい仕事に取りかかるとき、こんな風に自分に発破をかけるのはどうでしょう。

▶手を洗う、顔を洗う、シャワーを浴びるなどさっぱりする

オフィスでは顔を洗いにくいし、シャワーは浴びられませんが、家でなら自由です。さっぱりすると気分もリフレッシュして、頭も切り替えやすいです。

▶「チャージ完了!!　午後もがんばる！」と口に出す

やるぞと頭の中で思うだけでなく、口に出すことで勢いがついて動きやすくなります。がんばるって言っちゃったんだからやるしかないな、という気持ちになれます。

▶気分を高揚させる、または集中力を高めるBGMを流す

気分を高揚させるには映画やドラマのBGMや好きなアーティストの曲でもよいですし、YouTubeで「テンション　上がる　音楽」等で検索するのもよいでしょう。

心を落ち着けて集中モードに持っていくならば、思考を邪魔しない静かでゆらぎのある音楽が流れるLo-Fi Beatsもオススメです。「lofi beats study」などで検索すると、勉強をしている人物のループアニメ映像とともに、音楽が流れるライブストリーミングチャンネルがたくさん出てきます。

人に会おう。雑談しよう

テキストで同僚とどれだけ頻繁にやりとりをしていても、直接会って人とふれあうことの完全な代替にはなりません。新しいアイデアも、モチベーションの源になるうれしい一言も、人との交流の中から生まれるものです。孤独に仕事をするのに疲れたと思ったら、同僚も同じように感じているかもしれません。率先して、みんなが集まれる企画を立てるのはどうでしょうか。

立地が便利で設備が面白い場所を探して「(そこに)集まって仕事しない？」と声をかけるのです。貸会議室でもいいけれど、レンタルスペース検索サイトで探すとカフェっぽいインテリアの部屋や、キッチンが使える部屋、ゲーム機とプロジェクターが設置された部屋など、集まりたくなるような場所がたくさん見つかります。

雑談しながら仕事もしつつ、夕方になったらケータリングでフードを手配し、交流の時間にするのもよいでしょう。

交流する相手は社内のメンバーだけである必要はありません。業務関連コミュニティの勉強会に参加して刺激を受けるのもよいし、家族や友達はもちろん、習い事や地元の交流イベントに参加して顔見知りを増やすのもよいと思います。

104／105

一人で全部抱え込まない

「毎日混雑する電車に乗らなくてすむ、プライベートの時間も十分確保できる、だからストレスフリー！」と言いたいところですが、ずっと一人で仕事と向き合うからこそ生まれるストレスもあります。自分の生活リズムが作れない、どうしてもエンジンがかからず仕事に向き合えない、今日一日取り組んだ仕事に手応えがない、人と話さない時間が多くて寂しい、家にいることで家族との軋轢がある、プライベートでしんどいことがあった、などです。

心身の健康があってこその生活だし、仕事です。家で一人でなかなか成果も出てないと気分も落ち込んできます。

そういうときは、一人で抱え込まず上司や同僚に頼りましょう。特にあなたが新人ならばなおさらです。朝礼や、1on1ミーティングの機会に、誰かに「今、こういうことがしんどい」と伝えてみましょう。

もし会社に産業医やメディカルカウンセラーがいるならば、相談相手として最適です。一人で抱える課題ではなく、誰かと共有している課題にすると重荷が少し減りますし、課題解決のヒントも見つけやすくなるのではないでしょうか。

105／105

家だろうがオフィスだろうがはかどらないときはある

最後に、一番書きたかったことを書きます。それは**「家だろうがオフィスだろうがはかどらないことはある」**ということです。

気が散りがちなときもあるし、体調がイマイチなときも、やる気もアイデアも出てこないときもあります。常にアクセルベた踏み、フルスピードでは働けません。
夕方、その日に成し遂げたことを振り返ってみるとき、その成果のなさに「今日の自分は何をやっていたんだろう」と落ち込むことは誰しもあります。

出社していたならば、オフィスに一日いるだけで「今日も仕事をした」気分になれました。でも、ずっと家に一人でいた日の成果がかんばしくないと、何も救いがないように感じてしまうかもしれません。
誰も見ていないからこそ、きちんと成果を出さなくちゃいけないのに、何もできていないというプレッシャー。「自分はリモートワークに向いていないのではないか」と思う人もいるかもしれません。

でも、はかどらないのはオフィスにいたって同じことです。オフィスに来ただけで仕事をしていた気分になれていたならそっちの方がむしろ悪いくらい。

自分の能率にも敏感になり、できないときはできないなりに、できることを考えればよいのだと思います。

本当にダメなら休めばよいし、最小限やらなきゃいけないことがあるならそれだけをなんとかやる。家でははかどらないなら、オフィスでもファミレスでもカフェにでも仕事を持っていってやりましょう。

はかどらない状態が数日続くようなら、一人でタスクを抱えて仕事を止めないように、同僚や上司に助けを求めましょう。

取り組んでいるプロジェクトの担当領域での成果物のイメージをもう一度共有する、自分のタスクを見直す、各タスクの締め切りを再設定する、締め切り前の中間地点にマイルストーンを定め途中経過を一緒に見てもらうなど、整理し直すことでもう一度仕切り直せるかもしれません。

家で働くからはかどることも、集まるからはかどることも両方あります。リモートで増えた働き方の選択肢を柔軟に活かして、自分自身も同じチームのメンバーもねぎらいつつ、長く楽しく働いていきましょう。

COLUMN
#8

リモートワークで生産性は上がったのか？

「リモートワークにして、仕事の生産性は上がったの？」とよく聞かれます。

製品の売り上げで見れば年々上がっているのは事実ですが、これは製品販売戦略をサブスクリプションモデルに変更したことなど、さまざまな要因があるため、SAWSの働き方のおかげで上がったとは言い切れません。

一人ひとりの仕事の生産性が目に見えて変わったか、と言われれば、リモートワークを前提にシステムやコミュニケーション手段を作り変える時期を経て、慣れてきた頃にはそれぞれに作業の能率は上がっています。

シックス・アパートが新しい働き方に期待していたのは、これまでやってきたことをより効率よくやるということよりも、これまでになかったイノベーションの種を外から集めてくることでした。

シックス・アパートは30名ほどの小さな組織です。社内のコミュニケーション活性化も大事ですが、オフィスに社員全員が集まる代わりに、他社の方や地域の方とのコミュニケーションを増やすことで、新たな刺激を集めてくることに大きな価値を感じています。

リモートで働くことに慣れていると、社内のメンバーにビジネスチャットで話しかけるのも、同じコミュニティで活動する社外の知り合いに声をかけるのも、心理的なハードルは同じ。

だからこそ、社内の人と雑談や仕事の話をするのと同じように、またはそれ以上に社外の人とも頻繁にコミュニケーションを取っています。

実際に、青森県や秋田県大館市などの自治体とともにテレワーク推進の取り組みや、全国16箇所にある製品のユーザーグループの支援、オウンドメディア運営者のための学びのコミュニティ「オウンドメディア勉強会」を主催、首都圏近郊40社が集まりテレワークの情報交換と発信を行う「TDMテレワーク」、コワーキングスペースのコミュニティでの社外の方と交流する活動を活発に行っています。

SAWSがあったからこそ生まれた取り組みも、SAWS以前から取り組んでいたものもありますが、どちらもリモートになったことで活動がより加速しました。

また、私自身も複業として、前職から縁のあるノルウェーのウェブブラウザ「Vivaldi」の広報活動をできるのも、リモートワークの自由度のおかげです。

他にも社内のメンバーには、カメラ撮影や、ドローン操縦、プログラミング教室の講師、技術コラムや技術書執筆、ウェブサイト運営支援など個人のスキルを活かして複業をしているメンバーが多数います。

仕事だけでなく、学校のPTA活動や地域へ貢献する機会も増えました。プライベートのつながりと仕事とは関係ないと思われるかもしれません。でも、実際には、個人的に行っていた活動が、仕事につながったことも多数あります。

たとえば、子どもの小学校のPTA活動をきっかけに、PTAの連絡用ウェブサイトをシックス・アパートの製品で開発することになった事例がありました。

オフィスのデスクにどっかり座ってお尻に根を生やすのではなく、積極的に他者と交流してきたからこそ生まれたつながりは大きな財産です。社内のメンバーで集まるだけでなく、外との交流から生まれる刺激には大きな価値があります。社員それぞれの個人としての活動が増えることは、会社にとっても資産になっています。

したがって、「リモートワークで生産性が上がったの？」という質問への答えは、「社員一人ひとりの生産性については多少上がった程度ですが、それよりも社外の人とのコミュニケーション頻度が増えたことで新しいビジネスを多数生み出すことができました」なのです。

おわりに

リモートワークが当たり前になる時代に向けて

最後まで読んでくださって、ありがとうございます。

この本は、いきなり在宅勤務することになって戸惑っているビジネスパーソンの皆さんを思い浮かべながら執筆しました。

でもこの本は一時の緊急事態を生き抜くための在宅勤務ノウハウだけの本ではありません。リモートワークの本です。読者の皆さまに、今後も起こりうる社会や個人の状況の変化に柔軟に対応できるリモートワークという新しい選択肢の可能性をご紹介するために、書きました。皆さんがご自身の働き方の中で、取り入れていただけるアイデアを見つけていただけたなら、心から嬉しく思います。

私が中学生の頃、パソコンとパソコン通信に出会いました。世界中の人とチャットで会話でき、文章や絵や音楽を共有できることが楽しくて仕方なかったのを覚えています。

通信技術がさらに発達すれば、もっといろんな事がパソコン上でできるようになって、きっと場所を問わず働けるようになるのではないか。そうしたら、好きな場所から、家族との時間を大切にしつつ、趣味や個人的な学びの時間も確保しつつ働けるはず。大人になったときに、そういう生き方ができていたらいいなと夢を思い描いていました。

それから20年経って、家からでも、オフィスからでも、ご近所のカフェからでも、旅行先のホテルからでも、パソコン1台あればどこからでも働けるようになりました。責任を持って自分の仕事をこなしつつ、子どもや家族と過ごす時間も十分取れて、個人的なチャレンジとして海外との仕事にも取り組んでいます。中学生の時に思い描いていた理想の働き方が、やっと実現できています。

もちろん、自由な働き方ができる代わりに「チームからの信頼に応えられるよう、きちんと貢献していかねば！」という、健全なプレッシャーもあります。そのプレッシャーも、ひっくるめて、これからもずっとリモートワークで働いていきたい。

「毎日会社に行く」ではない働き方が多くの会社で当たり前になったら、もっと多くの人が活躍できる社会になるはずです。

年齢や、性別や、住む場所や、家庭内での役割に関わらず、それぞれが可能な範囲で、スキルを活かして社会に貢献できる人が増えると思うのです。

そんな社会を作るためのはじめの一歩は、まず自分から。自分も家族も大事にしつつ、仕事もちゃんと成果を出しながら、長く楽しく働いていくために、この本がお役に立てれば幸いです。

この本は、2020年4月にポプラ社の編集者である大塩さんより執筆のご相談をいただいてから、たったの一度も会わずに完成しました。半年の間、Slackでの相談と毎週の進捗報告、音声と資料共有だけのZoomミーティングでこまめにやりとりを行いました。まさにリモートチームの働き方です。

顔を合わせて交流することももちろん大事です。ですが、互いに責任を持って自分の担当の仕事をこなし、頻繁に連絡を取り合うことで、仕事上の信頼関係は十分に築けるのだと、改めて実感しました。

執筆する中で出てきたたくさんの疑問に対して丁寧に回答くださり、迷うときは道を指し示してくださる大塩さんがいたからこそ、この本が生まれました。深く感謝しています。

本書にはたくさんのリモートワークの事例が書かれています。

アステリア株式会社、株式会社協和、株式会社シノプス、フェンリル株式会社の皆さまには、それぞれの会社が取り組んでいらっしゃる先進的な事例を提供いただきました。新しい働き方の推進のため、積極的に各社の事例を提供くださったことは大変嬉しく、心強かったです。ありがとうございました。

「TDMテレワーク」グループの皆さんの働き方からも、たくさんのアイデアとヒントをいただきました。ありがとうございます。これからもリモートワーク推進のため、手を取り合って行きましょう。

シックス・アパートのメディカルカウンセラー、東海大学医

学部客員准教授　医学博士　増田由美先生には、本書の心身の健康周りの記述に関してたくさんの助言や提案をいただきました。とても感謝しています。

そして、個人的なストーリーを惜しげも無く提供してくれたシックス・アパートの代表取締役 古賀 早さん、CTO 平田 大治さん、海外事業担当顧問 関 信浩さん、山口 裕さん、藤田秀弥さん、重田 崇嗣さん、間 誠一郎さん、佐藤 航さん、作村裕史さん、草野 基幹さん、澤 麻紀さん、早瀬 将一さん、原田沙織さん、天野 卓さん、三浦 嘉昭さん、そして国内外にいる従業員とそのご家族の皆さん、ありがとうございました！　この本は、シックス・アパートの全員で書いたものです。

2020年10月
シックス・アパート株式会社
壽かおり

シックス・アパートのCode of Conduct（行動指針）のフォーマットなどのダウンロードコンテンツを提供するウェブページを用意しました。どなたでも無料でダウンロードいただけます。本書の補足情報も掲載されていますので、ぜひご覧ください。
https://www.sixapart.jp/saws/

＊本書の内容は2020年10月末現在のものです

壽 かおり（ことぶき・かおり）
シックス・アパート株式会社 広報。
ノルウェーOpera社のマーコム、B2Bマーケ担当を経て、2010年シックス・アパート入社。約1400人のメディア運営者が集まるコミュニティ「オウンドメディア勉強会」を主催。複業としてライター・ブロガー活動、Vivaldi社のウェブブラウザの広報も行っている。
2016年夏より、毎日自宅やコワーキングスペース、旅行先などからリモートワークで働き、Twitter @kaoritter アカウントよりハッシュタグ「#リモワノウハウ語るよ」でリモートワークノウハウを発信。「くらし☆解説」（NHK）、「Oha!4 NEWS LIVE」（日本テレビ）、朝日新聞、BuzzFeed Japanなどに出演やリモートワーク事例提供。日経DUALにて、「共働き親のリモートワークを快適化せよ!」連載中。
著作は本書が初めてとなる。小学生の娘がひとりいる。

シックス・アパート株式会社
2003年に設立されたソフトウェア開発企業。個人のブログから大規模なコーポレートサイトまでさまざまなシーンでのウェブサイト構築・運営・管理を支援するCMSプラットフォーム「Movable Type」などを提供。
2016年、EBO（従業員による会社の買収）による独立を機に、個人のQOLを重視する働き方「SAWS」を開始。多くの従業員が月1-2回ほどの出社ペースになり、住む場所や勤務時間の自由度も大幅に上がる。令和元年度「テレワーク先駆者百選　総務大臣賞」（主催：総務省）ならびに令和元年度「スムーズビズ推進大賞」（主催：東京都）を受賞。
https://www.sixapart.jp/

リモートワーク大全

2020年11月16日　第1刷発行

著者　壽 かおり
発行者　千葉 均
編集　大塩 大
発行所　株式会社ポプラ社
〒102-8519　東京都千代田区麹町4-2-6
［電話］03-5877-8109（営業）　03-5877-8112（編集）
［一般書事業局ホームページ］www.webasta.jp
印刷・製本　中央精版印刷株式会社

N.D.C.336/383P/19cm　ISBN978-4-591-16801-1

P8008307